गोधूलि

[उपन्यास]

गोधूलि

डॉ. जगदीश प्रसाद सिंह

राजकमल प्रकाशन

ISBN : 978-81-267-1575-6

मूल्य : ₹695

पहला संस्करण : 2008
दूसरा संस्करण : 2024

प्रकाशक : राजकमल प्रकाशन प्रा.लि.
1-बी, नेताजी सुभाष मार्ग, दरियागंज
नई दिल्ली-110 002
शाखाएँ : अशोक राजपथ, साइंस कॉलेज के सामने, पटना-800 006
पहली मंजिल, दरबारी बिल्डिंग, महात्मा गांधी मार्ग, प्रयागराज-211 001
1, अनमोल सोराबजी संतुक लेन, धोबी तलाव, मरीन लाइंस, मुम्बई-400 002
वेबसाइट : www.rajkamalprakashan.com
ई-मेल : info@rajkamalprakashan.com

मुद्रक : बी.के. ऑफसेट
नवीन शाहदरा दिल्ली-110 032

GODHULI
Novel by Dr. Jagdish Prasad Singh

देवल में पाँच वर्ष बिताने के बाद जब अनुराधा रोहितपुर में माँ के घर लौटी तो उसे लगा, हवा एकाएक इतनी पतली हो गई है कि उसे साँस लेने में कठिनाई हो रही है। उसने माँ के कमरे में जाकर उसके पैर छुए और आशीर्वाद की प्रतीक्षा किए बिना अपने कमरे में चली गई और पलँग पर लेटकर आँखें मूँद लीं।

दाई रधिया, जो साठ वर्ष से ऊपर की होने पर भी हट्टा-कट्टा और स्वस्थ थी, उसके दोनों सूटकेस कमरे में ले आई। ये वे सूटकेस थे, जिन्हें लेकर वह देवल में गई थी। यद्यपि वे टूटे नहीं थे, लेकिन उनका रंग धूमिल हो गया था और उनमें जगह-जगह दाग लग गए थे।

कमरे में हर चीज पलँग, मेज, अलमारी, कुर्सियाँ, दीवालों में लगे शीशे—यथास्थान थी और झाड़-पोंछकर साफ की हुई थी, मानो उसके स्वागत की तैयारी की गई हो, यद्यपि उसने अपने आने की सूचना घर में किसी को नहीं दी थी।

जब से वह देवल गई थी, उसका रोहितपुर से सम्पर्क क्षीण हो गया था और यद्यपि वह हर महीने एक पोस्टकार्ड लिखकर अपनी माँ को अवगत करा देती थी कि वह मजे में है। वह माँ के पास से उत्तर की अपेक्षा नहीं रखती थी। उन वर्षों में रोहितपुर से उसके सम्पर्क का एकमात्र स्रोत उसकी पुरानी संगीत शिक्षिका सुजाता मुखर्जी थी, जो उसके पास अक्सर लम्बे-लम्बे पत्र लिखा करती थी। सुजाता मुखर्जी के पत्रों से रोहितपुर के दैनन्दिन जीवन के सम्बन्ध में उसे जो सूचनाएँ मिलती थीं, वे न तो पर्याप्त थीं और न प्रिय थीं, लेकिन उसकी कल्पना उन्हें सात रंगों में रँगकर एक मोहक चित्र बना देती थी।

इन वर्षों में उसके अनेक भ्रम टूट गए थे, लेकिन उसका यह विश्वास जीवित

था कि ऐसा कोई मार्ग अवश्य है जिसे अपनाने से शान्ति और सौहार्द की स्थापना होती है और स्वार्थ और हिंसा का अन्त सम्भव है। उसने अपने मित्रों और शुभचिन्तकों के प्रभाव में जो मार्ग चुना था, उसके सही होने के सम्बन्ध में उसके मन में सन्देह की एक बड़ी गाँठ थी, लेकिन वह इस गाँठ के अस्तित्व को भूलने के लिए उसकी अवज्ञा करने की कोशिश करती थी।

उसने अपने परिवार और इस नगर के जीवन में जो देखा था, उससे उसके इस विश्वास को बार-बार आघात लगा था कि शान्ति और सौहार्द की स्थापना का कोई मार्ग सचमुच है, लेकिन उसका विश्वास अब तक मरा नहीं था। वह ऊहापोह की जिन्दगी जी रही थी जिसमें ऐसा क्षीण प्रकाश था कि किसी व्यक्ति या वस्तु की पहचान करना कठिन था। लेकिन रोहितपुर का आकर्षण देवल में प्रवास के समय भी उसके मन को सागर की विस्तारवाली सुवर्णा की तरफ खींचता था जो ठिंगने पेड़ों और काँटेदार झाड़ियों से ढँकी पहाड़ियों के रहस्यमय उदर से निकली थी। उसके तट पर विशालकाय वृक्ष थे और सुगन्धित फूलों से लदे कुंज थे और उसके अन्दर उस उच्छृंखल नदी के समीप पहुँचने की अशान्त करनेवाली इच्छा जन्म लेती थी। देवल में उसकी जिन्दगी इतनी व्यस्त हो गई थी कि एकान्त के क्षण कम आते थे, लेकिन इस व्यस्तता में भी ऐसा खालीपन था जहाँ हवा में ऑक्सीजन की कमी थी और साँस लेने में उसे कठिनाई होती थी।

जब रधिया कमरे से बाहर गई तो वह उठ बैठी। उसने आँखें खोलकर कमरे में चारों तरफ देखा। वहाँ हर वस्तु इस तरह सजा-सँभालकर रखी हुई थी जैसे उसकी प्रतीक्षा की जा रही हो। उसके गले में आँसुओं का एक लोंदा अटक गया, जिसे वह बहुत प्रयत्न करके निगल पाई। वह पूरब की खिड़की के पास बैठ गई और बाहर देखने लगी।

नवम्बर महीने का दूसरा सप्ताह था, लेकिन सुवर्णा की तरफ से आनेवाली ठंडी हवा देह में सिहरन पैदा करती थी। अनुराधा को लगा कि यदि उसने अपने-आपको गर्म कपड़ों से नहीं ढँका तो उसे कँपकँपी हो जाएगी। उसने देखा कि पलँग पर एक ऊनी कम्बल रखा हुआ है, जैसे कमरे को साफ करनेवाले को मालूम हो कि उसे इसकी जरूरत पड़ेगी। उसे उठाकर उसने कन्धों को ढँक लिया, जिससे उसे ऐसा प्रतीत हुआ, मानो तीन वर्षों से कटा सम्बन्ध जुड़ गया हो। इस खयाल से उसके चेहरे पर एक फीकी मुस्कान उभर आई क्योंकि इस सम्बन्ध को तोड़ने या जोड़ने की बात उसने कभी सोची ही नहीं थी।

खिड़की के बाहर अलसाई सुवर्णा को देखते ही उसके मन में उस रूमानी संसार का एक अस्पष्ट चित्र उपस्थित हुआ जिसके सपने वह बचपन से देखती आ रही थी। वह एक परी-लोक था जहाँ हर तरफ खुशी थी, अभाव और कलह

की छाया भी नहीं पड़ती थी वहाँ। उसके बीच उसका अपना घर था–राजमहल की तरह भव्य और उस खिलौने की तरह सुन्दर, जिसे उसने सुवर्णा के तट पर मकर संक्रान्ति के अवसर पर लगनेवाले मेले में वर्षों पहले देखा था।

पिछले तीन वर्षों में उसके अनेक भ्रम टूट गए थे और वह बचकाने सपनों की दुनिया से ऊपर उठ चुकी थी, लेकिन सुवर्णा के पार्श्व में आते ही पुराने सपने मस्तिष्क के किसी कोने में उभर आए थे। उसे मालूम था कि नदी के उस पार खेत और मैदान, छोटे-बड़े गाँव थे जहाँ जीवन में वही अभाव और कलह था जो अन्य स्थानों पर था। लेकिन वह जब कभी उस खिड़की से सुवर्णा को देखती, उसके मानस-चक्षुओं के सामने, सोने की चादर से अपनी काया को ढँके, नदी के उस पार एक परी-लोक उभर आता, जिसमें रंगों और स्वरों का एक अद्‌भुत मेल था और जिसके बीच में एक सुन्दर भवन था जिसकी मालकिन वह स्वयं थी। यह दृश्य आज भी उसके मानस-चक्षुओं के सामने उपस्थित हुआ और उसके गले में आँसुओं का एक लोंदा अटक गया।

उसी समय उसे रधिया के दुबारा कमरे में प्रवेश करने की आवाज सुनाई पड़ी और उसने अपनी भावनाओं पर नियन्त्रण किया।

रधिया ने पलँग की बगल में लगी मेज पर चाय की प्याली रखी और चेहरे पर मुस्कान लाने की चेष्टा करती हुई बोली, ''बेबी, देवल में कुशल से थीं न?''

अनुराधा ने जवाब दिया, ''हाँ, रधिया, मैं बहुत मजे में थी, लेकिन तुम लोगों को देखे बिना मन नहीं लगता था, इसी कारण आ गई।''

गीतांजलि में दो दाइयाँ थीं–लक्ष्मी और रधिया। वे हमउम्र थीं। अनुराधा लक्ष्मी को चाची कहती थी, लेकिन रधिया का व्यक्तित्व कुछ ऐसा था कि उसे रधिया ही कहती थी।

रधिया ने पूछा, ''कितने दिन ठहरने का विचार है, बेबी?''

अनुराधा एक मिनट चुप रही, फिर बोली, ''कुछ कह नहीं सकती। माँ स्वस्थ हैं न?''

रधिया ने जवाब दिया, ''स्वस्थ कहाँ हैं, बेबी? अब तो लगता है कि समझती भी कम हैं। कुछ पूछो तो इस तरह ताकने लगती हैं, जैसे समझने की कोशिश कर रही हों। फिर बिना कुछ कहे दूसरी तरफ ताकने लगती हैं। आप इतने दिनों के बाद रोहितपुर लौटी हैं, लेकिन उन्होंने एक बार भी आपके बारे में नहीं पूछा। आप एक युग के बाद आई हैं न?''

अनुराधा ने जवाब दिया, ''नहीं रधिया, मैं दो साल पहले भी आई थी, जब पिताजी बहुत बीमार थे, लेकिन मेरी परीक्षाएँ सिर पर होने के कारण चार दिनों में ही लौट गई थी।''

रधिया वाचाल थी, लेकिन उसकी वाचालतता तब और बढ़ जाती थी, जब उसका कोई विशेष उद्देश्य होता था। इस समय वह अनुराधा की विगत कुछ वर्षों की जिन्दगी और उसकी आगे की योजना के बारे में जानने के लिए उत्सुक थी। अतः वह बोली, "हाँ, मुझे याद आया। मालिक बीमार थे। बड़े बाबू और छोटे बाबू मालिक के सन्दूकों में रखे रुपए-पैसों के लिए महाभारत मचाए हुए थे। चित्रा दीदी अलग मुँह फुलाकर बैठी हुई थीं। आप चुपचाप उठीं और चली गईं। उस समय किसी ने आपसे रुकने के लिए भी नहीं कहा। माँजी इस हालत में नहीं थीं कि आपसे कुछ कह पातीं और बाकी लोग अपनी धुन में थे। बेबी, आप कहीं मत जाइए। इतना बड़ा घर रहनेवालों के बिना भाँय-भाँय करता है।"

अनुराधा रधिया की बात का प्रयोजन समझ रही थी। लेकिन उसकी अपने सम्बन्ध में बातें करने की कोई इच्छा नहीं थी। उसने विषय बदलने के लिए पूछा, "अब भैया लोगों की तरफ से शान्ति है न? बँटवारे की लड़ाई खत्म हो गई या अभी भी चल रही है?"

अन्य किसी के सुन लेने से मानो अनर्थ की सम्भावना हो, रधिया ने अपनी आवाज को नीची करते हुए कहा, "बेबी, आप जब से देवल गईं, इस घर में आग लगी हुई है। धू-धू कर सबकुछ जल रहा है। अब ऐसा लगने लगा है कि गीतांजलि, प्रभाती और कल्याणी तीनों उजड़ जाएँगी। बँटवारे का झगड़ा हाई कोर्ट में पहुँच चुका है और सुप्रीम कोर्ट तक जा सकता है।"

अनुराधा अपने भाइयों के बीच के झगड़े के सम्बन्ध में सुजाता मुखर्जी के पत्रों से पर्याप्त सूचना प्राप्त कर चुकी थी, इस कारण रधिया से उसकी चर्चा करने की उसकी इच्छा नहीं थी। उसने कहा, "रधिया, मैं इस समय थकी हुई हूँ। बाद में बातें करेंगे।"

[2]

रधिया चली गई तो अनुराधा ने थोड़ी देर के लिए मन को विश्राम देने की कोशिश की। पन्द्रह घंटों की ट्रेन-यात्रा ने न सिर्फ उसके शरीर को बल्कि मन को भी थका दिया था। इस कारण वह चाहती थी कि एक झपकी ले ले। लक्ष्मी, जो उसके लिए खाना तैयार करने में लग गई होगी, घंटे-दो घंटे में स्वयं उसे जगाएगी। हो सकता है, उसके भाइयों के पुत्र और पुत्रियाँ उससे मिलने के लिए शाम तक आएँ। उसने घड़ी में देखा, अभी दो बजे थे और यह अच्छा नहीं होगा कि वह उन्हें एक थकी-माँदी प्रौढ़ा विधवा की तरह लगे। प्रौढ़ा विधवा की तरह होने की बात सोचकर उसके चेहरे पर फीकी मुस्कान छा गई और हथेलियाँ

कनपट्टियों पर चली गईं, यद्यपि उसे मालूम था कि उसका कोई केश अभी सफेद नहीं हुआ है। उसने दो महीने पहले पच्चीस वर्ष पूरे किए थे, लेकिन उसके अनुभवों ने उसे प्रौढ़ा बना दिया था। वह बिछावन पर लेट गई और देह को गर्दन तक ढँककर आँखें बन्द कर लीं।

लेकिन नींद ने जब उसके समीप आने से इनकार कर दिया तो उसके मस्तिष्क में अनेक तस्वीरें उभरने और मिटने लगीं जिनमें भूत और वर्तमान उलझ गए थे। उसने पाँच वर्ष पहले रोहितपुर में स्थित एकमात्र कॉलेज से प्रथम श्रेणी में बी.ए. पास कर एम.ए. की पढ़ाई के लिए देवल के समदर्शी विश्वविद्यालय में दाखिला लिया था। उस समय उसे ऐसा लग रहा था कि उसमें दुनिया को बदल देने की क्षमता है और ऐसा कोई भी काम नहीं जिसे वह नहीं कर सकती। परिवार में होनेवाले कटु अनुभवों के बाद भी उसका प्रेम और शान्ति की दुनिया का सपना नहीं टूटा था और उसका यह विश्वास अक्षुण्ण था कि ऐसा कोई मार्ग अवश्य है जिस पर चलकर कलह और कटुता से मुक्ति पाई जा सकती है। यद्यपि वह पारिवारिक कलह से दुखी थी, उसके बावजूद उसकी एक सुखी भविष्य की आशा नहीं टूटी थी। बी.ए. पास करने के बाद उसने समदर्शी विश्वविद्यालय में जाने की जिद इस कारण की थी कि वह रोहितपुर में पारिवारिक कटुता से ऊब गई थी। उसे आशा थी कि देवल की बड़ी दुनिया में अवश्य सुकून मिलेगा। समदर्शी विश्वविद्यालय में ज्ञान-अर्जन और बौद्धिक विकास के लिए उचित वातावरण था, और पद्मावती छात्रावास में, जहाँ उसे रहने के लिए कमरा मिला, विद्योपार्जन में उत्साह के साथ लगी सहपाठिनें मिलीं। उसे विश्वास हो गया कि वहाँ उसे सुख और शान्ति का मार्ग अवश्य मिलेगा। उसके कमरे की बगल के कमरे में रहनेवाली लड़की मीरा महाजन, उससे इस तरह घुल-मिल गई, जैसे वह उसे वर्षों से जानती हो। उसने उसकी न सिर्फ प्रतिदिन की समस्याओं के समाधान में मदद की, बल्कि उसे एक नई वैचारिक दिशा दी और ऐसे लोगों से परिचय कराया जिन्होंने इस दिशा में आगे बढ़ने में एक निर्णायक भूमिका अदा की थी। अनुराधा को नैतिक बल मिला, लेकिन आशंका का वह बोझ, जो वर्षों से उसकी आकांक्षा पर पड़ा था, कम नहीं हुआ।

[3]

अनुराधा को जहाँ अपने पिता त्रिलोकी सिंह के उत्थान की पूरी कहानी मालूम थी, वहीं उसने परिवार के पतन को अपनी आँखों से देखा था। यह उन मूल्यों से उसकी विमुखता का, जिनसे परिवार का उत्थान और पतन हुआ था, प्रधान

कारण था। घर में इतनी गरीबी थी कि दो जून खाना नहीं मिलता था, और भूखों मरने के डर से कोई बाप अपनी बेटी की शादी इस परिवार में करने के लिए तैयार नहीं होता था। त्रिलोकी सिंह ने गाँव के स्कूल से तीसरी कक्षा पास की और खेती-बारी में लग गए। लेकिन जब परिवार की आर्थिक तंगी के कारण तीस वर्ष की उम्र तक उनकी शादी नहीं हुई, तो उन्होंने शहर में जाकर भाग्य आजमाने का निश्चय किया, और गाँव से दस मील दूर स्थित शहर रोहितपुर में आ गए। द्वितीय महायुद्ध का प्रारम्भ हो चुका था और वस्तुओं की कीमतें रेलगाड़ी की रफ्तार से भाग रही थीं। त्रिलोकी सिंह ने रोहितपुर इंडस्ट्रीज की एक फैक्टरी में काम पाने की कोशिश की—रोहितपुर इंडस्ट्रीज में सीमेंट और चीनी की दो फैक्टरियाँ थीं, जिनमें चार हजार से ऊपर मजदूर काम करते थे और जब उसमें असफल रहे तो फैक्टरियों द्वारा छाँटकर फेंके गए अनुपयोगी कोयले को बेचने के व्यवसाय में लग गए। उन्होंने फैक्टरियाँ के कुछ अफसरों से साँठ-गाँठ कर ली, जिससे उन्हें ऐसा कोयला भी मिट्टी के भाव मिलने लगा जो जलावन के उपयुक्त था। इससे उन्हें अच्छी आमदनी होने लगी। दो साल बीतते-बीतते उन्होंने दो पुराने ट्रक खरीद लिए और उस खपड़ैल मकान को भी खरीद लिया जिसके एक कमरे में, गाँव छोड़ने पर किराये पर रहते थे। अब उनसे अपनी पुत्री की शादी करने के लिए उत्सुक पिता लोगों की क्यू लग गई और उन्होंने एक सम्पन्न परिवार की एक सुन्दर लड़की से, जो उनसे दस वर्ष छोटी थी, शादी कर ली।

त्रिलोकी सिंह की पत्नी रोहिणी ने यथोचित अन्तराल से चार बच्चों को जन्म दिया, लेकिन वह पति का मन नहीं जीत पाई, क्योंकि वह अपना अधिक समय धर्म-ग्रन्थों के पाठ में बिताती थी। अपने पति की व्यापारिक गतिविधियों में उसकी कोई दिलचस्पी नहीं थी। उसके पति की दिलचस्पी भी समय बीतने के साथ उसमें कम होती गई थी और अन्य औरतों में बढ़ती गई थी। उन औरतों में घर की दाइयाँ भी शामिल थीं, जिनकी नियुक्ति वे स्वयं करते थे।

अब भी अनुराधा की आँखों के सामने बीस वर्ष पहले का एक दृश्य इस तरह आ जाता था जैसे वह कल की ही घटना हो। उस समय वह पाँच वर्ष की थी। दस दिन पहले उसने स्कूल जाना शुरू किया था। एक दिन अपराह्न में चार बजे जब वह स्कूल से लौटी तो उसने अपना बस्ता उस कमरे में रखा जिसमें वह अपनी दस वर्ष बड़ी बहन चित्रा के साथ रहती थी और किसी शब्द का अर्थ पूछने के लिए माँ के कमरे में गई। उसकी माँ एक छोटी चौकी पर बैठकर सामने लकड़ी की तख्ती पर रखे रामचरितमानस का पारायण कर रही थी। वह धर्म-ग्रन्थों का निःशब्द पाठ करती थी, लेकिन उस पाठ से उत्पन्न मानसिक उथल-पुथल उसकी आँखों और चेहरे पर प्रस्फुटित होती थी। जब अनुराधा उसके

कमरे में गई तो उसने देखा, उसके होंठ हिल रहे हैं और आँसू की बूँदें आँखों से निकलकर नीचे की तरफ लुढ़कती आ रही हैं। अनुराधा एक क्षण के लिए ठिठकी, फिर अपनी कठिनाई उसके सामने रखी।

माँ ने कहा, "बेटी, जाकर पिताजी से पूछ लो। मैं अभी दूसरे काम में हूँ।"

गीतांजलि एक बड़ा मकान था। उसके बाहर के दो कमरों में त्रिलोकी सिंह रहते थे। उनमें से एक कमरा उनके ऑफिस के काम में आता था। एक कमरा मकान के अन्दर के बरामदे में खुलता था और दूसरा बाहर के बरामदे में, लेकिन दोनों बीच के एक दरवाजे से जुड़े हुए थे। अनुराधा अपने प्रश्न के उत्तर के लिए दौड़ी हुई पिता के कमरे के पास गई और किवाड़ों को, जो भिड़काए हुए थे, धक्के देकर अन्दर चली गई। रधिया, जो पूरी तरह नंगी थी, घबड़ाकर त्रिलोकी सिंह के पलँग से उतरी और सामने सन्दूक पर रखी अपनी साड़ी को उठाकर अपनी देह में लपेटने लगी। त्रिलोकी सिंह ने पलँग के किनारे पड़ी चादर को खींचकर पाँव से लेकर ठुड्डी तक ढँक लिया और पूछा, "क्या चाहिए, बेटी?"

अनुराधा का प्रश्न उसके गले में अटक गया। वह दो क्षणों तक विस्मय से विस्फारित नेत्रों से बारी-बारी से अपने पिता और रधिया को देखती रही फिर भागकर अपने कमरे में आ गई और बिछावन पर औंधे मुँह लेटकर सुबक-सुबककर रोने लगी।

उस दिन से वह एकाएक सयानी हो गई और उसे कुछ बातें, जो अब तक अस्पष्ट थीं, नए ज्ञान के प्रकाश में साफ-साफ समझ में आने लगीं। उसने देखा कि उसकी माँ के पूजा-पाठ के प्रति झुकाव का प्रधान कारण उसके पिता की तरफ से होनेवाली अवहेलना है। उसने यह भी देखा कि उसके भाई रामदेव और कृष्णदेव तथा उसकी बहन चित्रा, अपना अधिक समय घर के बाहर मटरगस्ती में बिताते हैं, और इसके पीछे पिता और माता के बीच की बढ़ती हुई दूरी ही है। बड़े भाई रामदेव ने दो बार असफल होने के बाद तीसरी बार के प्रयत्न से मैट्रिक की परीक्षा पास की थी और अब रोहितपुर में स्थित एकमात्र कॉलेज, हरिहर जैन कॉलेज, का विद्यार्थी था। दूसरा भाई कृष्णदेव आठवीं कक्षा में पढ़ता था, और बहन चित्रा सातवीं कक्षा की छात्रा थी। लेकिन तीनों में से किसी का मन किताबों में नहीं लगता था। तीनों ने अलग-अलग साथी खोज लिये थे जिनके साथ अपना अधिक समय बिताते थे।

चित्रा की दो सखियाँ थीं—पिंकी और श्यामली। उनके साथ वह या तो देर तक घर के बाहर रहती या कमरे में सिर सटाकर खुसुर-फुसुर करती रहती। अक्सर किसी आह्लादकारी रहस्य में शामिल होकर खिलखिलाने लगती। अनुराधा को कोई मित्र नहीं था, इस कारण वह चित्रा से निकटता बढ़ाने की

कोशिश करती। लेकिन चित्रा उससे इस तरह व्यवहार करती जैसे वह बरामदे में लटकते पिंजड़े की मैना से अधिक कुछ नहीं हो और अपने किसी रहस्य में उसे शामिल नहीं करती, लेकिन अनुराधा उससे निर्व्याज प्रेम करती थी। उसे और उसकी सखियों को हर तरह से खुश करने की कोशिश करती।

अनुराधा को बचपन से ही गाने का शौक था। वह जिस स्कूल में जाती थी, संगीत के क्लास में अवश्य बैठती थी और गाने सीखती थी। घर में वह अक्सर स्कूल में सीखे हुए गीतों को गुनगुनाती रहती थी।

जिस दिन उसने अपने पिता को रधिया के साथ पलँग पर देखा, उसके दूसरे दिन ही त्रिलोकी सिंह का ध्यान उसके संगीत-प्रेम की तरफ गया और उन्होंने उसकी संगीत-शिक्षा के लिए एक ट्यूटर नियुक्त कर दिया। हारमोनियम और तबला खरीद लिये गए। उन्होंने उसे पास बुलाकर प्यार से कहा, "अनु, तुम बहुत अच्छा गाना गाती हो। तुम्हें गाना सिखाने एक मास्टरनी कल से यहाँ आएगी। उसे देखकर तुम जरूर खुश होओगी।"

उसे गाना सिखाने के लिए मास्टरनी की बहाली की बात सुनकर उसे खुशी हुई लेकिन यह क्षणिक थी, क्योंकि उसके मन में संगीत-शिक्षा उस महिला से एकाकार हो गई थी जो उसके विद्यालय—आदर्श कन्या विद्यालय में संगीत-शिक्षिका थी। किसी भी अन्य व्यक्ति से संगीत सीखने की कल्पना उसके लिए अप्रिय थी। उसने उस तबले और हारमोनियम को देखा जो उसकी संगीत-शिक्षा के लिए खरीदे गए थे। उसे आश्चर्य हुआ कि उन्हें उस कमरे में रखा गया था जो गोदाम था। इस कमरे की दीवारों में बड़े-बड़े ताख बने थे, जिनमें से कुछ में टूटे-फूटे खिलौने, बर्तन, पुराने कपड़े और टाट आदि पड़े थे और अधिकांश खाली थे। अनुराधा इन ताखों का प्रयोजन नहीं समझ पाई थी। हालाँकि चित्रा ने उसे यह बताया था कि 'गीतांजलि' के पहले मालिक गोदाम को गाना-घर की तरह इस्तेमाल करते थे, फिर भी वह जान नहीं पाई कि गाना-घर में ताखों की क्या उपयोगिता हो सकती है। लेकिन जब उसने देखा कि एक ताख को साफ कर उस पर उसके लिए खरीदे गए तबला और हारमोनियम को रखा गया है तो उसे उनकी उपयोगिता समझ में आई और यह सोचकर उसे कष्ट हुआ कि जहाँ वाद्य-यन्त्रों को होना चाहिए था, वहाँ जूते-चप्पल और बर्तन-भाँड़े रखे हुए थे।

जब दूसरे दिन शाम को उसकी संगीत-शिक्षा के लिए शिक्षिका आई तो उसके मन की सारी गाँठें खुल गईं। यह शिक्षिका आदर्श कन्या विद्यालय की संगीत-शिक्षिका सुजाता मुखर्जी थी। त्रिलोकी सिंह और रधिया के प्रति भी वह कटुता नहीं रह गई जो दो दिन पहले थी। लेकिन धीरे-धीरे उसके अन्दर तटस्थता की भावना जगी और परिवार से लगाव फटे दूध की तरह होता गया।

[4]

सुजाता मुखर्जी के पिता सुभाष मुखर्जी रोहितपुर के नामी डॉक्टर थे। उनकी ऐसी अच्छी प्रैक्टिस थी कि द्वितीय महायुद्ध के प्रारम्भ के पहले वर्ष में, पच्चीस वर्ष की उम्र में, उन्होंने कार खरीद ली और एक वर्ष बाद ही उन्होंने सुवर्णा के किनारे एक एकड़ के प्लॉट के बीचोंबीच स्थित 'गीतांजलि' नाम के बँगले को, जिसका मालिक कालीपुर में रहता था। बँगले की दोनों तरफ अहाते के अन्दर ही छोटे दो मकान और बनवा लिये जिनके नाम 'प्रभाती' और 'कल्याणी' रखा।

सुभाष मुखर्जी को संगीत से बहुत प्रेम था और उन्होंने 'गीतांजलि' को विभिन्न वाद्य-यन्त्रों से भर दिया। 'प्रभाती' और 'कल्याणी' के बन जाने के बाद ये दोनों मकान भी वाद्य-यन्त्रों से भर गए और संगीतज्ञों के साथ सुभाष मुखर्जी का पहले से अधिक समय बीतने लगा। उन्होंने अपने दोनों बच्चों—पुत्री सुजाता और पुत्र सुकंठ—को प्रान्त की राजधानी कुसुमपुर के एक खर्चीले स्कूल में भर्ती कराकर छात्रावास में रख दिया और अपना अधिक समय संगीत-साधना में बिताने लगे। धीरे-धीरे संगीत के प्रति उनका प्रेम इतना उत्कट हुआ कि अपने पेशे के प्रति उत्साह गौण पड़ गया और धन-संग्रह से मोह नहीं रहा। दूर-दूर के शहरों से संगीतज्ञ और नर्तक-नर्तकियाँ उनके घर आते और महीनों 'प्रभाती' और 'कल्याणी' में डेरा डाले रहते। सुभाष मुखर्जी का अधिक समय उनके साथ बीतता और उनके रोगी, घंटों प्रतीक्षा करने के बाद, निराश और उदास होकर लौट जाते। धीरे-धीरे उनके रोगियों की संख्या घटती गई और दो वर्ष बीतते-बीतते नगण्य रह गई।

इस बीच सुभाष मुखर्जी का परिचय काशीधाम की प्रसिद्ध नृत्यांगना और ठुमरी-गायिका छबीली बाई से हुआ। छबीली बाई की कला से वे इतने प्रभावित हुए कि लगातार दो-दो सप्ताह उसके साथ काशीधाम में बिताने लगे। इसका सीधा प्रभाव उनकी आर्थिक स्थिति पर पड़ा और द्वितीय महायुद्ध की समाप्ति के पाँच वर्ष बाद जब त्रिलोकी सिंह लाखों की सम्पत्ति अर्जित कर चुके थे और जो अभी भी आषाढ़ के बादलों की तरह बढ़ रही थी, उन्हें अपना एक मकान 'प्रभाती' बेचना पड़ा। उसे खरीदनेवाले त्रिलोकी सिंह थे। पाँच वर्षों के बाद 'कल्याणी' बिकी और उसके पाँच वर्षों के बाद 'गीतांजलि' बिकी। त्रिलोकी सिंह ने ही उन दोनों मकानों को भी खरीदा।

सुभाष मुखर्जी अपनी पत्नी और पुत्री सुजाता को लेकर किराए के मकान में चले गए और उनका पुत्र सुकंठ, जो तब तक बीस वर्ष का हो चुका था, और जिसकी महत्त्वाकांक्षा कॉलेज की पढ़ाई के बन्धनों में रहने से इनकार कर रही थी,

फिल्म उद्योग के असीमित अवसरों से लाभ उठाने के लिए मुम्बई चला गया। सुभाष मुखर्जी ने फिर से अपनी प्रैक्टिस जमाने की कोशिश की और अपनी क्लीनिक में नियमित रूप से बैठने लगे। लेकिन इस बीच एक दूसरे डॉक्टर रमेश रमण के यहाँ रोगियों की भीड़ लगने लगी थी, और सुभाष मुखर्जी की प्रैक्टिस दोबारा नहीं जम सकी। उन्होंने अपनी पुत्री की शादी के लिए सुयोग्य वर की तलाश के लिए दौड़-धूप की, लेकिन योग्य वरों की कीमत इतनी अधिक थी कि उन्होंने पुत्री की शादी का विचार कुछ वर्षों के लिए छोड़ने का निश्चय किया। इस बीच सुजाता तीस वर्ष की हो चुकी थी और उसने परिवार के खर्च में योगदान के लिए आदर्श कन्या विद्यालय में संगीत-शिक्षिका की नौकरी कर ली।

अनुराधा को यह कहानी उस दिन नहीं मालूम थी जिस दिन, पहले-पहल, सुजाता उसे संगीत की शिक्षा देने के लिए 'गीतांजलि' में आई थी। लेकिन उसे इस बात से हैरानी हुई कि सुजाता ने जब घर में प्रवेश किया तो वह इस तरह सहमी हुई थी जैसे वह उसकी भव्यता से आतंकित हो या फिर यह सोचकर डर रही हो कि उसके व्यवहार में कहीं कोई त्रुटि न रह जाए जिसके कारण उसे उपहास का पात्र बनना पड़े। अनुराधा ने आश्वासन-भरे शब्द कहकर उसके भय को कम करना चाहा, लेकिन उसे ऐसे शब्द सूझे ही नहीं और वह उसे प्रणाम कर उसके पीछे लग गई। वह उसे गोदाम-घर का रास्ता दिखाना चाहती थी, जहाँ संगीत की शिक्षा का प्रारम्भ होनेवाला था, लेकिन यह देखकर उसे आश्चर्य हुआ कि उसके बिना कुछ कहे वह सीधे गोदाम-घर में चली गई, जैसे उसे पहले से ही वहाँ का रास्ता मालूम हो। अन्दर प्रवेश करने के पहले उसने धरती को स्पर्श कर धूल को ललाट से लगाया और एक क्षण प्रार्थना की मुद्रा में खड़ी रही।

उस समय तक चित्रा भी वहाँ आ चुकी थी। वह भी आदर्श कन्या विद्यालय में ही पढ़ती थी। उसने सुजाता को तुरन्त पहचान लिया, क्योंकि जिस समय त्रिलोकी सिंह ने सुभाष मुखर्जी से 'गीतांजलि' खरीदी थी, वह तेरह वर्ष की थी और उसने सुभाष मुखर्जी और उनके परिवारवालों को 'गीतांजलि' को छोड़ किराए के मकान में जाते हुए देखा था। उसे सुजाता को एक नौकरानी के रूप में 'गीतांजलि' में आई देख गुदगुदी हुई—संगीत-शिक्षिका नौकरानी नहीं तो और क्या थी? उसने खुशी के आधिक्य के कारण अनुराधा को चुपके से चिकोटी काट दी लेकिन अनुराधा पर इसकी प्रतिक्रिया यह हुई कि उसका चेहरा अधिक गम्भीर हो गया।

गोदाम-घर में संगीत-शिक्षिका की सुविधा के लिए एक चौकी रख दी गई थी। चौकी पर दरी बिछी थी और हारमोनियम और तबला रखे हुए थे। संगीत-शिक्षिका ने वाद्य-यन्त्रों को हाथ जोड़कर प्रणाम किया, जिस कारण चित्रा

की आँखें व्यंग्य और चुहल से अधिक फैल गईं और चेहरा गोल हो गया। लेकिन अनुराधा गम्भीर बनी रही, और उसने संगीत-शिक्षिका का अनुकरण करते हुए वाद्य-यन्त्रों को हाथ जोड़कर प्रणाम किया।

सुजाता स्वयं चौकी पर बैठ गई और दोनों लड़कियों को सामने बैठाती हुई बोली, "आज मैं तुम लोगों को गाना सिखाऊँगी नहीं, सुनाऊँगी। मैं यहाँ बहुत दिनों के बाद आई हूँ, इस कारण पहले सरस्वती की प्रार्थना करूँगी।"

अनुराधा समझ नहीं पाई कि बहुत दिनों के बाद आने से उसका क्या मतलब है, लेकिन कुछ कहने या पूछने की उसकी हिम्मत नहीं हुई।

सुजाता ने हारमोनियम पर एक के बाद एक आधा दर्जन गीत गाए। ये सभी सरस्वती को निवेदित प्रार्थनाएँ थीं और अधिकांश समय तक उसकी आँखों से आँसुओं की धारा बहती रही। अनुराधा स्तब्ध-सी चुपचाप बैठी रही, यद्यपि चित्रा हर पाँच मिनटों पर उसे चिकोटी काटती रही थी। वस्तुतः उसे अपनी संगीत-शिक्षिका के प्रति, जो बिना संकोच के उसके सामने रो रही थी, गहरी सहानुभूति हो गई थी और उसका हृदय पीड़ा से भर गया था। लेकिन उसकी अपनी आँखों में आँसू नहीं थे, मानो पीड़ा की ऊष्मा से वे हृदय के अन्दर ही भाप बन गए हों। उसके स्वभाव की एक विशेषता थी कि दुख कितना भी गहरा क्यों नहीं हो, उसकी आँखों में आँसू नहीं आते थे। वह अपने स्वभाव की इस विचित्रता से उम्र के बढ़ने के साथ अधिकाधिक चिन्तित हुई थी क्योंकि वह जानती थी कि इससे शारीरिक और मानसिक क्लेशों का आघात अधिक गहरा हो जाता है। लेकिन फिर भी वह विवश थी।

सुजाता का शिक्षिका के रूप में पहले दिन का विचित्र व्यवहार अनुराधा की आँखों में कुछ देर पहले देखी गई फिल्म की रील की तरह आज भी आ जाता था और इससे उसे पीड़ा होती थी।

जब सुजाता चली गई तो चित्रा अनुराधा को खींचकर अपने कमरे में ले गई और कभी फुसफुसाकर तो कभी ऊँची आवाज में उचित भाव-भंगिमा के साथ उसने सुभाष मुखर्जी के उत्थान और पतन की कहानी उसे सुनाई।

अनुराधा का हृदय करुणा और विषाद से भर गया। सुजाता के परिवार के दुर्भाग्य की कहानी ने उसके अन्दर एक अपराध-भावना को जन्म दिया मानो वह स्वयं उसके लिए दोषी हो। वह जानती थी कि 'गीतांजलि', 'प्रभाती' और 'कल्याणी' को उसके पिता नहीं खरीदते तो कोई और खरीदता क्योंकि उन्हें बिकना ही था, लेकिन उसे ऐसा लगा कि इसके लिए उसके पिता दोषी हैं और इस कारण वह भी उतनी ही दोषी है। धीरे-धीरे उसके अन्दर यह अन्धविश्वास घर कर गया कि इस अपराध का दंड उसके परिवार को भुगतना पड़ेगा। इससे

अनजाने ही उसके व्यवहार में एक विचित्र गम्भीरता आ गई जिसमें अवश्यम्भावी के प्रति निर्विरोध समर्पण की भावना शामिल थी।

[5]

चित्रा ने संगीत सीखने में दो दिनों तक अनुराधा का साथ दिया और तीसरे दिन से आना बन्द कर दिया। वस्तुतः संगीत में उसकी दिलचस्पी नहीं थी। वह संगीत शिक्षा में भाग लेने इस आशा में गई थी कि उस दिन भी उसे सुजाता मुखर्जी के व्यवहार में विचित्रताएँ देखने को मिलेंगी, लेकिन जब उसे निराशा हाथ लगी तो उसके साथ बैठकर अपना समय बरबाद करना उसने उचित नहीं समझा।

अब अनुराधा संगीत सीखने के लिए अकेली रह गई। इससे उसकी तन्मयता बढ़ गई। जितनी देर सुजाता उसे संगीत सिखाती, वह किसी दूसरे लोक में रहती। सुजाता के प्रति उसका आदर और लगाव बहुत बढ़ गया और संगीत के प्रति समर्पण में भी उसी अनुपात में वृद्धि हुई।

लेकिन पन्द्रह दिन भी नहीं बीते थे कि एक विचित्र घटना हो गई और सुजाता का 'गीतांजलि' में आना बन्द हो गया।

त्रिलोकी सिंह हर शाम को अपने एक मित्र रघुवर शरण के यहाँ ताश खेलने जाते थे जहाँ दो-चार और मित्र होते थे। वस्तुतः ये लोग वहाँ एक कमरे में बैठ ब्लू फिल्में देखते थे, जिसके लिए उन्होंने एक प्रोजेक्टर खरीद लिया था। उन्हें ये ब्लू फिल्में गोल्डेन स्टूडियो से मिलती थीं, जिनका मालिक उनका प्रिय पात्र था।

एक शाम त्रिलोकी सिंह और उनके मित्र एक नई ब्लू फिल्म देख रहे थे। फिल्म डेढ़ घंटे की थी और उसमें तरह-तरह के करतब दिखाए गए थे, जिससे देखनेवालों का भरपूर मनोरंजन हो रहा था। लेकिन एक रील खत्म होते-होते उन्हें उसमें काम करनेवाली दो लड़कियों के चेहरे परिचित लगे। उनमें एक थी त्रिलोकी सिंह की पुत्री चित्रा और दूसरी थी उनके मित्र की पुत्री पिंकी और वे अँधेरे में एक-दूसरे के चेहरे को देखने की कोशिश करने लगे।

गुस्से में आकर त्रिलोकी सिंह ने फिल्म बन्द करवा दी। दूसरे दिन पुलिस ने गोल्डेन स्टूडियो में छापे मारे और दर्जनों ऐसी ब्लू फिल्में बरामद कीं जिसमें आदर्श कन्या विद्यालय की छात्राओं ने तरह-तरह के हैरतअंगेज करतब दिखाए थे। इनमें से अधिकांश लड़कियाँ शहर के सर्वाधिक सम्मानित परिवारों की थीं। इस कारण स्टूडियो के मालिक और कर्मचारियों को जेल भेज दिया गया और फिल्मों को पूरी तरह से नष्ट करने की कोशिश की गई। शहर में तरह-तरह की अफवाहें फैलने पर आदर्श कन्या विद्यालय को एक महीने के लिए बन्द कर दिया गया और शहर

के सम्मानित परिवारों की दस वर्ष से ऊपर की सभी लड़कियों के लिए घर से बाहर निकलना वर्जित हो गया। सुजाता के 'गीतांजलि' में प्रवेश पर रोक लगा दी गई, मानो उसके आने से घर के अन्दर के वातावरण के बिगड़ जाने का भय हो। अनुराधा की संगीत-शिक्षा बन्द हो गई।

त्रिलोकी सिंह चित्रा को अपने सभी बच्चों से अधिक मानते थे, लेकिन आज उन्होंने उसे बेरहमी से पीटा। अनुराधा ने जानने की कोशिश की कि ब्लू फिल्में क्या होती हैं लेकिन किसी ने उसे बताया नहीं, और वह सिर्फ अनुमान ही लगा सकी। जब उसने चित्रा से पूछा तो वह इस तरह बिगड़ी जैसे उसका मुँह नोच लेगी, और फिर उसने उससे दोबारा ब्लू फिल्म की चर्चा करने की हिम्मत नहीं की। वह सचाई के करीब तब पहुँची जब उसने अपने पिता को रधिया के साथ पलँग पर देखा। उस समय ही उसे उन उड़ती खबरों का अर्थ भी स्पष्ट हुआ, जिन्हें उसने अपने भाइयों के विभिन्न सम्बन्धों के बारे में सुनी थीं।

सुजाता की अनुपस्थिति में दो-चार दिन उसने संगीत का अभ्यास करने की कोशिश की, लेकिन जब उसे मालूम हो गया कि उसे 'गीतांजलि' में आने से मना कर दिया गया है, तो उसका मन संगीत से उचट गया।

एक महीना बाद जब आदर्श कन्या विद्यालय खुल गया तो वह स्कूल जाने लगी, लेकिन संगीत की कक्षा में नहीं गई यद्यपि संगीत-शिक्षिका सुजाता ही थी। लेकिन सुजाता से उसका सम्पर्क बना रहा।

आदर्श कन्या विद्यालय से मैट्रिक पास कर जब उसने सहदेव जैन कॉलेज में प्रवेश किया तब भी उसका सुजाता से सम्पर्क बना रहा और जब वह देवल में गई, तब भी पत्रों के माध्यम से उसके सम्पर्क में रही। उसे ऐसा लगता था कि सुजाता से सम्पर्क रोहितपुर की आत्मा से सम्पर्क के जैसा है। उसके पत्रों द्वारा उसे न सिर्फ अपने परिवार के सम्बन्ध में सारी सूचनाएँ मिल जाती थीं, बल्कि अन्य परिचितों की गतिविधियों के बारे में भी जानकारी हो जाती थी।

सुजाता मुखर्जी 'गीतांजलि, प्रभाती और कल्याणी' में घटनेवाली घटनाओं से स्वयं को इस तरह परिचित रखती थी, मानो उन मकानों में ही उसकी आत्मा बसती हो और चूँकि उसकी शादी नहीं हो पाई थी और घर में विशेष काम नहीं था, अतएव वह अनुराधा के पास लम्बे-लम्बे पत्र लिखती थी और अपनी सारी निराशा और व्यथा उनमें उँडेल देती थी।

अनुराधा को सुजाता के पत्र अत्यन्त प्रिय थे क्योंकि उनसे उसे न सिर्फ वांछित सूचनाएँ मिलती थीं बल्कि वे उसके लिए एक ऐसे लोक का द्वार खोलती थीं जहाँ उसके सपने बसते थे। वह उन पत्रों को सँजोकर रखती थी, मानो वे कोई सम्पत्ति हों।

[6]

अनुराधा ने सोचा—'क्या मेरी संगीत-शिक्षा जारी रहती तो मेरी जिन्दगी की दिशा भिन्न होती? क्या इसमें वह उद्देश्यहीनता और खोखलापन नहीं रहता जिससे यह ग्रसित है? क्या संगीत जहाज को वह वजन दे पाता जिससे वह हवा के थपेड़ों में स्वयं को स्थिर रख पाता? तो क्या वह पथभ्रष्ट हो गया है और एक वृत्त के चारों तरफ निरुद्देश्य घूमता रहा है, जबकि वह इस भ्रम में रही है कि वह गन्तव्य स्थान की तरफ जा रहा है? लेकिन गन्तव्य स्थान है कहाँ? क्या वह भी एक भ्रम नहीं है? क्या आदमी सिर्फ एक भूलभुलैया में ही चक्कर काटता नहीं रहता, जबकि वह सोचता है कि वह एक पूर्व निश्चित बिन्दु की तरफ बढ़ रहा है?

सुवर्णा की तरफ से ठंडी हवा आ रही थी, जिससे रोंगटे खड़े हो गए थे। अनुराधा ने समूची देह को कम्बल से ढँक लिया, लेकिन नींद उससे कोसों दूर थी और पूरी देह में बेचैनी थी, यद्यपि एक विचित्र किस्म की जड़ता उसके दिल और दिमाग पर बोझ की तरह पड़ी थी। भविष्य लौह-कपाटों से बन्द था और आँखें कपाटों के पार कुछ देखने में असमर्थ थीं। लेकिन अतीत के सारे दरवाजे खुले थे और वह वर्षों दूर तक साफ-साफ देख सकती थी। वह उसे तटस्थता से देख रही थी, जैसे वह उसका अपना नहीं बल्कि किसी कहानी का एक अंग हो।

रधिया आकर दरवाजे पर खड़ी हो गई और उसकी तरफ देखती हुई मन्द-मन्द मुस्काने लगी। उसने पूछा, "क्या है, रधिया? कोई खास बात है क्या?"

रधिया बोली, "खास बात क्या होगी, बेबी? आप जब आती हैं, घर में रोशनी आ जाती है। मैं बस इतना चाहती हूँ कि घर में रोशनी बनी रहे। आपके आने से दीदी भी खुश हैं। आज महीनों बाद रसोईघर में गईं।"

अनुराधा ने कहा, "अच्छा?"

रधिया ने बोलना जारी रखा, "यह देखने गई होंगी कि आपके लिए क्या खाना बना है। वे बोलीं कुछ नहीं, लेकिन उनके वहाँ जाने से ही साफ है कि वे आपके लिए चिन्ता करने लगी हैं। मैं यह पूछने आई हूँ कि आपका खाना यहाँ ला दूँ या डाइनिंग हॉल में चलेंगी?"

अनुराधा ने कृत्रिम आश्चर्य से कहा, "रधिया, क्या यह खाना खाने का समय है? चार बज रहे हैं। एक घंटा में सूर्यास्त होगा। खाना रात में देना। वैसे भी मैं स्टेशन से नाश्ता करके आई हूँ।"

रधिया जाती हुई बोली, "यह कैसे हो सकता है, बेबी? खाना क्या, नाश्ता ही समझिए। क्या पूड़ी-भुजिया को खाना कहते हैं? मैं यहाँ पर ही ले आती हूँ।"

वह जाकर खाने का थाल ले आई और मेज को पलँग के पास खींचकर, उस पर रख दिया।

अनुराधा ने दो पूड़ियाँ खाईं और उठते हुए कहा, "धन्यवाद, रधिया। थाल ले जा। मैं थोड़ी देर आराम करूँगी। रेलगाड़ी में पन्द्रह घंटे रहना पड़ा। बहुत थक गई हूँ।"

रधिया बोली, "ठीक है, बेबी। क्या रेलगाड़ी की यात्रा साधारण चीज है? मेरा माथा उसकी ठक्-ठक् और धक्-धक् से ही नाचने लगता है।"

वह एक क्षण के लिए रुक गई, लेकिन जब अनुराधा कम्बल ओढ़कर लेट गई और मौन रही, तो वह चली गई।

अनुराधा ने किवाड़ उँठगा दिए और आकर फिर लेट गई। लेकिन उसे नींद नहीं आ रही थी और आराम करने की कोशिश व्यर्थ थी। मानस-चक्षु समय के वृहदाकाश पर दृष्टिपात कर उसमें उसका स्थान खोजने लगे। लेकिन वह जन-संकुल था और उसमें उसका अपना कोई अता-पता नहीं था।

[7]

वह बैठ गई और खिड़की के बाहर देखने लगी। लेकिन उसका ध्यान वहाँ नहीं था। वह अतीत के उन चित्रों पर था जो उसकी आँखों के सामने आ-जा रहे थे। उसके हृदय में उदासी थी, लेकिन वह उदासी वैसी नहीं थी जैसी एक खोये अवसर की याद में होती है, बल्कि वैसी थी, जैसी किसी प्रिय के वियोग के समय होती है।

उसने सोचा—'क्या उसके किसी कदम से उसके जीवन की दिशा बदल सकती थी? क्या सबकुछ पूर्वनिश्चित होता है, और उससे बचने का कोई उपाय नहीं है? अपने व्यक्तिगत जीवन के सम्बन्ध में उसने सपने भले नहीं देखे थे, लेकिन सपने देखे अवश्य थे—ये कलह और अशान्ति से मुक्त जीवन के सपने थे। उसने अपने परिवार में और रोहितपुर में, बढ़ती हुई उम्र के साथ जो कुछ देखा था, उससे उसे विश्वास हो गया था कि हिंसा व्यक्ति और समाज के जीवन का सबसे बड़ा रोग है और इस रोग का जन्म स्वार्थ में होता है। दुनिया से हिंसा का अन्त तभी होगा जब स्वार्थ का अन्त होगा। लेकिन क्या स्वार्थ का अन्त कभी होगा? स्वार्थ हवा में मिले जहर की तरह है जिसके प्रभाव से बचना तभी सम्भव है जब इसका पूरी तरह से अन्त हो जाए, कुछेक व्यक्तियों के मन से इसका मूलोच्छेद होने से इसका अन्त सम्भव नहीं। तो क्या यह सामाजिक व्यवस्था को पूरी तरह बदलने से सम्भव है? उसके हृदय में आशा की एक क्षीण

लौ जलती, और सन्देहों और आशंकाओं के भूत अन्तर्धान हो जाते, लेकिन कुछ क्षणों के बाद अविश्वास की आँधी उठती और अँधेरा अधिक घना हो जाता।

संगीत से मुँह मोड़ लेने के बाद वह अधिक एकाकी हो गई। यद्यपि वह चित्रा के साथ एक ही कमरे में रहती थी और एक ही रिक्शे से स्कूल जाती थी, फिर भी चित्रा उसे अपने रहस्यों का भागीदार नहीं बनाती थी। उसकी अपनी कोई सहेली नहीं थी, जिस कारण उसका चारित्रिक विकास किंचित् असन्तुलित ढंग से होता गया। अध्ययन के क्षेत्र में वह औसत से आगे थी, लेकिन उसकी दिलचस्पी उसी में सीमित नहीं थी, वह अक्सर ऐसे विषयों पर भी सोचती, जिनमें उसकी उम्र की लड़कियों की दिलचस्पी नहीं होती।

वह संगीत से नाता तोड़ने के बाद चित्रकारी की तरफ मुड़ी। वह अपनी अभ्यास पुस्तिकाओं में तरह-तरह के चित्र बनाती और अपनी शिक्षिकाओं को दिखाती। शिक्षिकाएँ मुस्कुराकर उसकी पीठ ठोंक देतीं। अनुराधा के लिए इतना प्रोत्साहन पर्याप्त था। वह अपने कमरे में घंटों बैठकर तरह-तरह के चित्र बनाती। इनमें से अधिकांश पास-पड़ोस के व्यक्तियों और वस्तुओं की अनुकृतियाँ होतीं। लेकिन कुछ काल्पनिक जीव-जन्तु भी होते जो भयानक और डरावने थे।

बड़े भाई रामदेव ने चार बार प्रयत्नों के बाद मैट्रिक परीक्षा पास की और आगे की पढ़ाई के लिए उसका प्रवेश सहदेव जैन कॉलेज में करा दिया गया।

सहदेव जैन कॉलेज रोहितपुर शहर से तीन मील दक्षिण स्थित कैमूर की पहाड़ियों की तलहट्ठी में स्थित था, जहाँ पत्थर काटनेवालों की बस्तियाँ थीं। पहाड़ी की तलहट्ठी में ताड़ और खजूर के पेड़ों की अन्तहीन कतारें थीं, जहाँ सालों भर ताड़ी उपलब्ध थी और जहाँ ग्राहकों के मन-बहलाव के लिए औरतें भी उपलब्ध थीं। ये औरतें पत्थर काटनेवालों की बस्तियों के इर्द-गिर्द झोंपड़ियाँ बनाकर, अपने सहायकों और संरक्षकों के साथ रहती थीं।

रामदेव जब कॉलेज जाता, छककर ताड़ी पीता और इन औरतों की झोंपड़ी में दिनभर पड़ा रहता। शुरू के कुछ महीनों तक त्रिलोकी सिंह इससे अनभिज्ञ रहे, लेकिन कुछ दिनों के बाद कॉलेज के प्राचार्य ने एक पत्र लिखकर उन्हें सूचित किया कि उनका सुपुत्र नियमित रूप से कॉलेज नहीं आता। यदि परीक्षा का परिणाम सन्तोषप्रद नहीं हुआ तो इसकी जिम्मेवारी उसकी नहीं होगी। त्रिलोकी सिंह को जब यह पता चला कि उनका बड़ा सुपुत्र अपना दिन कहाँ बिताता है तो उन्होंने उसे 'गीतांजलि' के बाहरी बरामदे में खड़ा कर अपने नौकरों के सामने खूब डाँटा। रामदेव उनकी बातों को चुपचाप सुनता रहा, मानो उसे अपने व्यवहार

पर पश्चात्ताप हो, लेकिन जैसे ही त्रिलोकी सिंह ने बोलना खत्म किया, उसने आँखें तरेरकर कहा, "पहले अपना रास्ता सुधारिए, तब दूसरों को कहिए। ये बातें आपके मुँह से शोभा नहीं देतीं।"

त्रिलोकी सिंह सन्न रह गए। उस दिन के बाद उन्होंने उसे समझाने की कोशिश नहीं की। उस दिन से उनके व्यवहार में एक परिवर्तन यह आया कि वे अपने कार्यकलाप के सम्बन्ध में अधिक असावधान हो गए। पहले वे घर में शराब कभी नहीं पीते थे, बाहर से पीकर आते थे। अब शाम को अपने कमरे में बैठकर शराब पीने लगे, और घर की दाइयों में से एक, रधिया को रात को, अपनी सेवा में रखने लगे।

त्रिलोकी सिंह चाहते थे कि उनके दोनों पुत्र—रामदेव और कृष्णदेव—पढ़-लिखकर सरकारी नौकरी में जाएँ, जिससे परिवार की प्रतिष्ठा बढ़े और उनके व्यवसाय में भी मदद मिले। वे स्वयं पाँचवीं कक्षा तक ही पढ़ पाए थे, अतएव विद्योपार्जन के लिए उनके मन में बहुत आदर था और वे चाहते थे कि जो काम वे स्वयं नहीं कर सके थे, उसे उनके पुत्र करें। उन्होंने रोहितपुर के स्कूलों के नामी शिक्षकों से और सहदेव जैन कॉलेज के ख्यातिप्राप्त प्राध्यापकों से, उनका ट्यूशन कराया और अध्ययन के लिए हरसम्भव सुविधा दी। लेकिन रामदेव और कृष्णदेव में से किसी ने किताबी ज्ञान को हासिल करने में रुचि नहीं दिखाई और अपने चारों तरफ की दुनिया से सम्बन्धों में अधिक रुचि ली।

रामदेव जब पच्चीस वर्ष का हो गया और कॉलेज की एक परीक्षा भी पास नहीं कर सका तो त्रिलोकी सिंह ने हार मान ली और उसकी शादी एक धनी माँ-बाप की बेटी से कर दी। शादी के एक साल के अन्दर ही 'गीतांजलि' में इतना कुहराम मचने लगा कि उन्होंने रामदेव के लिए कोयले के रोजगार की अलग व्यवस्था कर दी। उसे दो ट्रक दिए और रहने के लिए 'गीतांजलि' की बगल में स्थित मकान 'प्रभाती' दे दिया।

कृष्णदेव का अपने पिता के प्रति व्यवहार, जो रामदेव की देखा-देखी कटु हो गया था, कुछ नर्म पड़ गया। यद्यपि इसका प्रधान कारण यह था कि वह इस बात के सम्बन्ध में आश्वस्त हो गया था कि उसे भी शादी के बाद एक अलग मकान मिल जाएगा और वह पूरी आजादी की जिन्दगी जी सकेगा। शादी के शुभ दिन की दूरी को कम करने के लिए उसने पाठ्यक्रम की पुस्तकों से पूर्ण रूप से सम्बन्ध-विच्छेद कर लिया और कैमूर की पहाड़ियों की तलहट्ठी में बनी झोंपड़ियों से, जिनमें ताड़ी, दारू और नारी-सुख—तीनों उपलब्ध थे, सम्बन्ध गहरा कर लिया। इसका उसे मनोवांछित फल मिला। यद्यपि वह रामदेव से पाँच वर्ष छोटा था, त्रिलोकी सिंह ने उसकी शादी रामदेव की शादी के दो वर्ष बाद ही कर दी।

अलग व्यवसाय करने के लिए उसे दो ईंट-भट्ठे और दो ट्रक दिए और रहने के लिए एक मकान 'कल्याणी' दे दिया।

लेकिन इसके बाद भी घर में शान्ति नहीं हुई।

गोल्डेन स्टूडियो बन्द हो चुका था, लेकिन उससे सम्बन्ध रखनेवाले कुछ लोगों ने दो अन्य स्टूडियो 'पर्ल' और 'डायमंड' नाम से खोल दिए थे। उनमें चित्रा की दिलचस्पी इतनी बढ़ी कि वह हर तीसरे दिन दोनों में से किसी एक में जाने लगी। वह जिस दिन स्टूडियो में नहीं जाती, इसका चित्त चंचल रहता, वह खोई-खोई-सी रहती और शाम होते-होते अनुराधा पर या किसी अन्य पर बरस पड़ती।

अनुराधा को कलह पसन्द नहीं था, इसलिए वह मन-ही-मन, आदर्श कन्या विद्यालय के फाटक के पास स्थित हनुमान मन्दिर के देवता से प्रार्थना करती कि वे उसकी बहन को प्रतिदिन पर्ल स्टूडियो या डायमंड स्टूडियो में जाने का अवसर दें।

फोटोग्राफी में चित्रा की नई दिलचस्पी की जानकारी जब त्रिलोकी सिंह को हुई तो उन्होंने उसे एक कमरे में बन्द कर लात-जूते से पीटा और उसका स्टूडियो जाना बन्द कर दिया। इसके बाद उन्होंने उसके लिए योग्य वर की तलाश जोर-शोर से शुरू की और चार महीने के अन्दर उसकी शादी कर दी।

चित्रा की शादी कुसुमपुर में मकान बनाकर बेचनेवाले एक ठेकेदार महाबली सिंह से हुई जो उससे कम-से-कम पन्द्रह साल बड़ा था। उसकी मूँछें बड़ी-बड़ी और घनी थीं जिन्हें वह दोनों तरफ ऐंठकर परशु का आकार दे देता था। उसकी आँखें गोल और लाल थीं, आवाज भारी और मन्द थी और चाल धीमी थी, जिससे लगता था कि वह नशे में है।

जब चित्रा की शादी हुई, अनुराधा बारह वर्ष की थी और लोगों को समझने की उसकी क्षमता असाधारण रूप से विकसित हो चुकी थी। वर को देखकर ही उसे पूरा विश्वास हो गया कि उसकी बहन के वैवाहिक जीवन में शान्ति नहीं रहेगी। लेकिन उसे अपनी माँ पर दया आती थी, इस कारण वह परिवार में किसी तरह की अशान्ति नहीं चाहती थी और उसने ईश्वर से बार-बार प्रार्थना की–चित्रा अपने परिवार के साथ सुखी रहे।

[8]

रामदेव, कृष्णदेव और चित्रा के चले जाने के बाद 'गीतांजलि' में शान्ति छा गई और अनुराधा को पढ़ाई और चित्रकारी के लिए समय मिलने लगा। वह उनमें

स्वयं को पूरी तरह से खो देने की कोशिश करने लगी। उसके सामने कोई आदर्श नहीं था और न ही भविष्य के लिए कोई मानचित्र था, लेकिन अवचेतन में सुख और शान्ति की चाह थी। सुख और शान्ति की यह चाह किसी विशेष व्यक्ति के जीवन के लिए नहीं, बल्कि सबके जीवन के लिए थी और यह आदर्श एक मूर्त्त रूप ले चुका था।

घर में दो नौकर थे—सुजान और तमाचू, और दो दाइयाँ थीं—लक्ष्मी और रधिया। दिन में घर के दोनों नौकर त्रिलोकी सिंह और उनके मित्रों की सेवा में लगे रहते। लक्ष्मी और रधिया या तो रसोईघर में रहतीं या अन्दर के किसी बरामदे में लेटी आराम करती रहतीं।

रोहिणी देवी को दाइयों की सेवा की बहुत कम आवश्यकता थी, क्योंकि उनका सारा समय पूजाघर में बीतता था। वह उसकी सफाई स्वयं करती थीं और देवमूर्ति की पूजा-अर्चना और धर्म-ग्रन्थों के पाठ में लगी रहती थीं।

रोहिणी देवी की एक और विचित्र आदत थी जिस कारण उनके प्रति अनुराधा का दयाभाव अधिक बढ़ गया था। वह उस कमरे की, जिसमें रामदेव और कृष्णदेव 'गीतांजलि' को छोड़ने के पहले रहते थे, स्वयं प्रतिदिन सफाई करतीं, साथ में उनके बिछावन भी, मानो वह उनके लौटने की प्रतीक्षा कर रही हों। इसके बाद वह उस कमरे में जाती थीं जिसमें अनुराधा और चित्रा रहती थीं, यह देखने के लिए कि उनकी सफाई हुई है या नहीं। इस कारण अनुराधा प्रतिदिन सुबह में ही कमरे को झाड़-पोंछकर अपना और चित्रा का बिछावन ठीक कर देती थीं। लेकिन इसके लिए रोहिणी देवी न तो उसे धन्यवाद देतीं और न कुछ कहतीं, मानो वह इसकी आवश्यकता से अनभिज्ञ हों।

समय बीतने के साथ-साथ रोहिणी देवी का पूजा के प्रति लगाव बढ़ता गया और वह रात में भी राम-सीता की कांस्य-मूर्तियों के सामने घंटों सिर झुकाए बैठी रहतीं। अनुराधा को मालूम था कि रधिया रात में उसके पिता की सेवा में उनके कमरे में रहती है और उसकी माँ की ईश्वर-भक्ति के पीछे एक बड़ा कारण उसके पिता के व्यवहार में निहित तिरस्कार है। माँ के लिए उसके हृदय में सहानुभूति थी, लेकिन पिता के लिए क्रोध नहीं था। उसे ऐसा लगता था कि जो हो रहा है, उसके लिए व्यक्तिगत रूप से कोई दोषी नहीं—सभी कष्टों का कारण एक ही है और वह है स्वार्थ, जो आदमी को हर तरह के अपराध की तरफ प्रवृत्त करता है और समाज को अशान्त करता है।

[9]

शादी के एक साल के अन्दर ही चित्रा, बिना पूर्वसूचना के, रोहितपुर आ गई। उसके साथ उसका पति महाबली सिंह नहीं था, सिर्फ एक नौकर था। वह कुछ दुबली हो गई थी, और उसकी आँखों में चुहल और मुस्कुराहट का स्थान चिन्तापूर्ण सतर्कता ने ले लिया था। अनुराधा को यह समझते देर नहीं लगी कि उसके जीवन का एक नया अध्याय शुरू हो गया है, स्वार्थ और षड्यन्त्र व्यवहार के निर्णायक तत्त्व बन गए हैं और परम्परागत नैतिकता पर आधारित विवेक का स्थान कुटिल चातुर्य ने ले लिया है।

चित्रा के साथ आया नौकर उसी दिन लौट गया और उसने दूसरे दिन से ही पर्ल स्टूडियो और डायमंड स्टूडियो में जाना शुरू कर दिया। त्रिलोकी सिंह में उसे डाँटने या मना करने का साहस नहीं था, इस कारण उस पर कोई नियन्त्रण नहीं था और वह घंटों बाहर बिताने के बाद घर लौटती। उस समय उसकी आँखों में स्थिर गति से दहकते हुए अंगारे होते।

अनुराधा उन्हें देखती तो डर जाती। उसका हृदय कहता कि ये अंगारे उसके वैवाहिक जीवन को जलाकर रख देंगे, लेकिन उन्हें बुझाने का उसके पास कोई साधन नहीं था। उसे चित्रा पर दया आती, लेकिन दया से अधिक दुःख होता। चित्रा और पूरे परिवार के लिए परिस्थितियाँ ऐसा रूप लेती जा रही थीं कि एक दलदल में फँसना अवश्यम्भावी था।

चित्रा पिता के यहाँ छह महीने रह गई और उसकी सुधि लेने ससुराल से कोई नहीं आया, मानो वहाँ लोग उसके अस्तित्व को ही भूल गए हों।

त्रिलोकी सिंह बेटी के व्यवहार से त्रस्त होते जा रहे थे, अतः वे स्वयं अपने दामाद से मिलने गए। महाबली सिंह के घर उन्होंने जो देखा और सुना, उससे वे दंग रह गए। महाबली सिंह और मकान बनाकर बेचने में उसका सहकर्मी गनौरी गुप्ता, गुप्ता की पत्नी धमाका गुप्ता के साथ सह-पति के रूप में एक ही मकान में रहते थे। धमाका गुप्ता की दस और आठ वर्ष की दो पुत्रियाँ थीं जो शहर के एक नामी स्कूल—इंटरनेशनल अकादमी—में पढ़ती थीं और स्कूल के छात्रावास में रहती थीं। महाबली सिंह और गनौरी गुप्ता का यह सम्बन्ध पिछले दस वर्षों से था जब से उन्होंने कुसुमपुर में मकान बनाकर बेचने का धन्धा शुरू किया था। महाबली सिंह की पहली शादी जब हुई, उसके पहले से ही वह धमाका गुप्ता के सह-पति के रूप में कार्यरत था और जब उसने अपनी पहली पत्नी को गनौरी गुप्ता को सह-पति के रूप में स्वीकार करने के लिए बाध्य किया, तो वह इस स्थिति का सहन दो वर्षों से अधिक तक नहीं कर सकी और उसने आत्महत्या कर

ली। जब चित्रा की शादी हुई, महाबली सिंह की पहली पत्नी को मरे छह वर्ष बीत चुके थे, इस कारण त्रिलोकी सिंह को अपने होनेवाले दामाद के सम्बन्ध में बहुत-सी बातें मालूम नहीं हो पाईं। लेकिन इस बार उन्हें एक होटल में कुछ दिनों तक रुकना पड़ा और दामाद को मनाने के लिए अनेक लोगों से सम्पर्क करना पड़ा। महाबली सिंह पत्नी को लाने के लिए तब तैयार हुआ जब त्रिलोकी सिंह ने वचन दिया कि वे उसे हर्जाने के रूप में पचास हजार रुपए देंगे और उसकी पारिवारिक जिन्दगी में हस्तक्षेप नहीं करेंगे, वह चाहे जिस तरह भी अपनी पत्नी को रखे।

आठ दिन बाद महाबली सिंह, अपने मित्र गनौरी गुप्ता के साथ, दो गाड़ियाँ लेकर, रोहितपुर आया और चित्रा को साथ लेकर चला गया। चित्रा ने कोई विरोध नहीं किया, और अविलम्ब उसके साथ हो गई, जैसे वह उसके लिए ही तैयार बैठी हो, वस्तुतः उसने कुछ निर्णय ले लिये थे और अब उसे अपने पति के साथ जाने में कोई विरोध नहीं था। लेकिन अनुराधा ने गौर किया कि उसकी आँख की आग उसी तरह प्रज्ज्वलित है।

जब चित्रा कुसुमपुर जाने के लिए कार में बैठने लगी तो उसने रोहिणी देवी और त्रिलोकी सिंह में से किसी की तरफ देखा भी नहीं, जैसे उन्हें जानती ही नहीं हो और जब उसने अनुराधा की तरफ देखकर मुस्कुराने की कोशिश की तो उसकी मुस्कान मुख-विकृति में बदल गई।

अनुराधा के कलेजे में काँटा चुभ गया, लेकिन वह मौन होकर, निर्विकार भाव से उसकी गाड़ी को जाती देखती रही। वह जानती थी कि यह कहानी का अन्त नहीं बल्कि प्रारम्भ है, और उसमें खतरनाक मोड़ आनेवाले हैं।

अनुराधा चित्रा और अपने भाइयों के, भविष्य के सम्बन्ध में आशान्वित नहीं थी, यद्यपि उसकी उम्र अधिक नहीं थी और उससे भविष्य के सम्बन्ध में सही अनुमान लगाने की अपेक्षा नहीं की जा सकती थी। लेकिन उसने अपनी आशंकाओं को बलपूर्वक दूर भगाने की कोशिश की ताकि मन की शान्ति नष्ट नहीं होने पाए।

इस बार चित्रा ने गनौरी गुप्ता की सह-पत्नी के रूप में अपने कर्तव्य का निर्वहन बिना किसी हील-हवाला के शुरू किया। उसने धमाका गुप्ता से मित्रतापूर्ण व्यवहार बना लिया, जिससे उसे एक बड़ा लाभ यह हुआ कि उसे सुख की तलाश का एक मनोनुकूल मार्ग मिल गया।

विवाह के एक वर्ष के बाद ही उसे आभास हो गया था कि उसे सन्तान-सुख से वंचित रहना पड़ेगा लेकिन वह इस स्थिति से समझौता करने के लिए तैयार नहीं थी और उसने अपने प्रयत्नों में गुणात्मक वृद्धि का निश्चय किया। धमाका

गुप्ता के सहयोग से उसका सम्पर्क कुसुमपुर के एक पाँचसितारा होटल मौर्या क्लार्क से हो गया, जहाँ वह सुबह दस बजे से रात दस बजे तक शारीरिक आनन्द और मौद्रिक उपलब्धि का गंगा-यमुनी संगम करने का प्रयत्न करती।

इस बार चित्रा दो वर्षों तक रोहितपुर नहीं लौटी। इस बीच त्रिलोकी सिंह हर दो महीनों के बाद स्वयं कुसुमपुर जाकर पुत्री की खबर लाते रहे। जो कुछ हो रहा था, इससे वे दुखी थे, लेकिन सबकुछ सहने के सिवा अन्य कोई रास्ता नहीं था। उन्होंने यथार्थ से आँखें मूँद लेने की कोशिश की ताकि उनका दुःख कुछ कम हो सके। इसका तात्कालिक परिणाम यह हुआ कि घर में रधिया के प्रभाव की वृद्धि हो गई और त्रिलोकी सिंह में एक अन्य व्यसन विकसित हुआ—शराब से आत्मीयता। इससे उनके शारीरिक और मानसिक स्वास्थ्य दोनों पर असर पड़ा और पतन की गति इतनी तीव्र हो गई कि अन्त तक पहुँचने के लिए बहुत लम्बी अवधि की प्रतीक्षा नहीं करनी पड़ी।

उधर पाँच वर्षों तक होटल मौर्या क्लार्क के सम्पर्क में रहने से चित्रा की शारीरिक तुष्टि और आर्थिक लाभ की इच्छा अधिक बलवती हो गई। उसने उसी होटल में काम करनेवाली एक महिला मधुलिका लाल के साथ एक ब्यूटी पार्लर खोला और उसके माध्यम से समाज-सेवा और आत्म-सेवा में लग गई।

मधुलिका लाल ने अपना नाम विचित्रा रख लिया, और ब्यूटी पार्लर का नाम चित्रा-विचित्रा रखा गया, जो अत्यन्त आकर्षक साबित हुआ, और खुलने के दो महीने के अन्दर ही उसमें तरह-तरह के ग्राहकों की भीड़ लगने लगी।

मधुलिका लाल सरकार के बिक्री कर विभाग के एक अफसर की पत्नी थी, इस कारण ब्यूटी पार्लर के लिए न तो अच्छे स्थान मिलने में दिक्कत हुई और न आवश्यक निधि और उसके विकास के लिए आवश्यक संरक्षण भी बिना प्रयास के उपलब्ध हो गया। चित्रा और विचित्रा ने पूरी क्षमता से अवसर का उपयोग किया और थोड़े ही दिनों में एक विस्तृत ग्राहक समाज का निर्माण कर लिया।

जो महिलाएँ ब्यूटी पार्लर में कायाकल्प के लिए आती थीं, उनकी प्रगति के लिए नए सम्पर्कों को विकसित करने में चित्रा और विचित्रा उनकी मदद करती थीं। इस कारण उनके ब्यूटी पार्लर का सम्बन्ध नगर के सभी नामी होटलों, विश्रामगृहों और साधन-सम्पन्न व्यक्तियों से हो गया।

पाँच वर्ष बीतते-बीतते चित्रा और विचित्रा का सम्बन्ध प्रान्त के बड़े-बड़े राजनीतिज्ञों से हो गया और उनकी शुभेच्छा के आकांक्षी लोगों की संख्या में आशानुकूल वृद्धि हुई। चित्रा और विचित्रा के नाम आपराधिक और राजनीतिक शक्ति के केन्द्रों में गम्भीरतापूर्वक लिए जाने लगे और उनका उपयोग विभिन्न चक्रों के गतिवर्द्धक द्रव के रूप में सफलतापूर्वक होने लगा।

त्रिलोकी सिंह को पुत्री के चमत्कारी उत्कर्ष का पता था क्योंकि वे हर दूसरे या तीसरे महीने कुसुमपुर जाया करते थे।

रधिया और लक्ष्मी के माध्यम से अनुराधा को भी बहन की प्रगति की जानकारी मिलती रहती थी, लेकिन इससे उसके कलेजे में इस तरह की ऐंठन होती थी कि उसका दम घुटने लगता था। उसे पता नहीं था कि यह द्वेष के कारण था या दुःख के कारण, लेकिन न जाने क्यों उसे विश्वास था कि उसकी बहन सुखी नहीं है।

जब विवाह के पन्द्रह वर्ष बाद भी चित्रा को कोई सन्तान नहीं हुई, तब वह अपने पति से अलग हो गई और अपने एक पुरुष मित्र के साथ एक फ्लैट में रहने लगी जिसे उसने खरीद लिया था। उसका मित्र उसके उद्योग का हिस्सेदार भी था।

फ्लैट वस्तुतः एक वेश्यालय था जहाँ ब्यूटी पार्लर में आनेवाली महिलाएँ देह-व्यापार करती थीं। इस देह-व्यापार में चित्रा अब भी पूरे उत्साह से शामिल होती थी।

अनुराधा ने उसे एक दशक से देखा नहीं था, लेकिन उसका विश्वास था कि वह एक मोटी, लिपी-पुती, वेश्यालय मालकिन में बदल गई होगी, जिसकी तीन ठुड्डियाँ होंगी और जिसकी आँखों के चारों ओर मांसपिंड के वृत्त होंगे और हृदय में असन्तोष की धू-धू करती हुई आग होगी। क्या उसे यह नहीं मालूम था कि दुनिया में तरह-तरह के लोग हैं, और जिस तरह उनके बाह्य रूप में अन्तर होता है, उसी तरह उनके चरित्र भी समरूप नहीं होते?

[10]

अनुराधा को अपने भाइयों से भी कभी लगाव नहीं रहा, लेकिन अतीत के विस्तार का अवलोकन करती हुई उसकी आँखें कुछ देर के लिए उन क्षेत्रों में भटक गईं, जो रामदेव और कृष्णदेव के कर्मस्थल रहे थे। विवाह के बाद रामदेव 'प्रभाती' में रहने लगा था और कृष्णदेव 'कल्याणी' में।

इन दोनों मकानों को सुभाष मुखर्जी ने बहुत शौक से बनवाया था। इनके फाटक पर संगमरमर के पट पर उनके नाम बड़े-बड़े अक्षरों में उत्कीर्ण थे जो इस तरह चमकते थे कि देखनेवालों के दिल में दहशत और ईर्ष्या दोनों साथ-साथ पैदा होते थे। लोगों ने सोचा कि नये मालिक के घर में प्रवेश के बाद उनकी चमक बढ़ेगी, लेकिन जिस तरह घुन लगने के बाद अनाज के दाने दुबारा अंकुरित होने लायक नहीं रह जाते, उसी तरह इन मकानों में भी प्राण नहीं लौटे। लगता था

कि उनकी जीवनी-शक्ति पुराने मालिक की तरह इनसे अलग हो गई थी और उनके लिए मृत्यु की तरफ बढ़ने के सिवा अन्य कोई विकल्प नहीं था।

रामदेव को एक-एक वर्ष के अन्तराल के बाद तीन पुत्रियाँ हुईं और उसके बाद पत्नी ने, पति के लाख प्रयत्नों के बावजूद, गर्भ धारण करने से इनकार कर दिया, जैसे उसकी उर्वरा शक्ति पूरी तरह से लुप्त हो गई हो। रामदेव ने, किसी विशेष मनोदशा से प्रेरित होकर, उनके नाम कौशल्या, कैकेयी और सुमित्रा रख दिए थे।

नाम अलग-अलग रहने पर भी उनके चरित्र में एक समानता थी, लेकिन यह समानता चरित्र के उस पक्ष की नहीं थी, जिसकी अपेक्षा नामकरण करनेवाले ने की थी। सबने राजा दशरथ की दूसरी रानी का चरित्र पाया था, और कलह की अग्नि को प्रज्वलित करने में बचपन से ही प्रवीणता प्राप्त की थी। जब भी वे 'गीतांजलि' में आतीं, शिकायतों का पिटारा लिये घर वापस लौटतीं और तब कुछ देर बाद रामदेव और उसकी पत्नी सुलक्षणा देवी गाली-गलौज के अत्यन्त प्रभावशाली तीरों से भरे तरकस लेकर प्रकट होते और घंटा भर तक पूरी क्षमता और शक्ति से उनका प्रयोग त्रिलोकी सिंह और रोहिणी देवी पर करते।

त्रिलोकी सिंह और रोहिणी देवी इस प्रहार को निःशब्द सहते, क्योंकि वे जानते थे कि प्रहार की तीव्रता में अभिवृद्धि रोकने का यही सर्वोत्तम उपाय है।

अगले तीन दिनों तक कौशल्या, कैकेयी और सुमित्रा 'गीतांजलि' के विरुद्ध अगले अभियान की शान्ति से तैयारी करतीं फिर चौथे दिन किसी बहाने 'गीतांजलि' में आ धमकतीं। तब शिकायतों और गाली-गलौज का सिलसिला शुरू होता जो घंटों चलता और जिसकी प्रतिध्वनि बाहर सड़क पर गूँजती रहती।

वस्तुतः 'गीतांजलि' में होनेवाली कलह मुहल्ले में चर्चा का विषय बनी हुई थी और अनेक तरह की कहानियाँ इधर-उधर फैलने लगी थीं। 'गीतांजलि, प्रभाती और कल्याणी' दो दशकों से रोहितपुर के सम्पन्न वर्ग में चर्चा का विषय बनी हुई थीं। लोगों को आश्चर्य सिर्फ इस बात से हुआ कि विनाश की कहानी स्वयं को नए मालिकों के साथ भी इतना शीघ्र दुहरा रही थी। आम लोगों में पहले से ही यह धारणा थी कि गीतांजलि, प्रभाती और कल्याणी प्रेतों को प्रिय हैं—उनका निर्माण ऐसे स्थान पर हुआ था जहाँ पहले मुर्दे जलाए जाते थे और उनमें निवास करनेवालों को प्रेतों का कोपभाजन बनना ही पड़ेगा।

अनुराधा ने सोचा—'क्या लोगों की धारणा सही थी? क्या मेरी अपनी जिन्दगी में अशान्ति का भी यही रहस्य है? क्या भूत-प्रेत भी उन्हीं भावनाओं से प्रेरित होते हैं जिनसे मनुष्य होते हैं? क्या मनुष्य के अन्दर की वृत्तियाँ इतनी

प्रबल हैं कि वे उसकी मृत्यु के बाद भी जीवित रहती हैं? तो क्या यह सच है कि वर्तमान का सुख-दुःख पूर्वजन्मों के कर्तव्य का फल है? क्या व्यक्ति के कर्म, आवाज की हर इकाई की तरह, ब्रह्मांड के किसी कोने में स्थापित हो जाते हैं और वहाँ से कालचक्र की गति को नियन्त्रित करते रहते हैं? फिर ऐसा क्यों हुआ कि दुष्कर्मों का चक्रवात एक ही परिवार पर केन्द्रित हो गया?'

कौशल्या, कैकेयी और सुमित्रा जब कुछ बड़ी हुईं तो उनके चरित्र की राजसी वृत्ति से अधिक तामसी वृत्ति में निखार आया और वे अपने माता-पिता से उसी तरह गाली-गलौज में संलग्न रहने लगीं जिस तरह कुछ समय पहले तक अपने दादा-दादी से रहती थीं। पहले किसी तरह का प्रतिवाद नहीं था, इस कारण आघात करने में वह आनन्द नहीं मिलता था, लेकिन अब वह बात नहीं थी। रामदेव की पत्नी कुहराम मचाती तो रामदेव लाठी भाँजता और दो-चार वार कौशल्या, कैकेयी और सुमित्रा पर पड़ते और बाकी सुलक्षणा पर पड़ते, और दो घंटे के कुहराम के बाद घर में शान्ति लौटती।

अनुराधा जी कड़ा कर सब सुनती। उसे ऐसा लगता कि उसे ही पीटा जा रहा है और हर घड़ी इस बात की प्रतीक्षा करती कि उसे कब मुक्ति मिलेगी।

मैट्रिक की परीक्षा कौशल्या के नाम से किसी अन्य महिला ने दी और कौशल्या प्रथम श्रेणी में पास हो गई। तब उसने शोर मचाया कि वह कॉलेज की पढ़ाई कुसुमपुर में करेगी; वह रोहितपुर के एकमात्र कॉलेज सहदेव जैन कॉलेज में कदापि नहीं पढ़ेगी क्योंकि वहाँ ठीक पढ़ाई नहीं होती और वह ऐसे कॉलेज में नाम लिखाकर अपना कैरियर बरबाद नहीं करना चाहती। उसे घर की चहारदीवारी में बन्द नहीं रहना है और उसकी योग्यता को चूल्हा-चक्की के इर्द-गिर्द बाँध रखने के किसी भी षड्यन्त्र का वह विरोध करेगी।

अनुराधा बी.ए. पास करने के बाद आगे की पढ़ाई के लिए देश की राजधानी देवल में गई थी, फिर कौशल्या को मैट्रिक पास करने के बाद आगे की पढ़ाई के लिए प्रान्त की राजधानी कुसुमपुर जाने से कैसे रोका जा सकता था? उसने अपने माता-पिता को इस बात के लिए राजी कर लिया कि उसे कॉलेज की पढ़ाई के लिए कुसुमपुर भेजा जाए।

रामदेव पुत्री के मैट्रिक के परीक्षा-फल से इतना प्रभावित था कि उसे आगे की पढ़ाई के लिए देवल भेज देता, लेकिन कैकेयी और सुमित्रा भी थीं और उसकी आर्थिक स्थिति ऐसी नहीं थी कि वह तीनों पुत्रियों को आगे की पढ़ाई के लिए देवल में भेज सके। सुरा और सुन्दरी के साहचर्य का अभ्यास हो जाने के कारण रामदेव के व्यय का असाधारण रूप से विस्तार हो गया था और रोजगार की उचित देखभाल के अभाव में आयं दिनोंदिन संकुचित होती जा रही थी।

[11]

कौशल्या का दाखिला कुसुमपुर के एक प्राइवेट कॉलेज, शर्मा डिग्री कॉलेज, में हो गया और वहीं छात्रावास में जगह भी मिल गई। शर्मा महिला छात्रावास एक ऐसी गली में था, जिसमें ठेलागाड़ियों और रिक्शों के सिवा अन्य कोई गाड़ी नहीं चलती थी। उसके एक किनारे एक गहरी नाली थी जो हर तरह की गन्दगी से भरी रहती थी। उस गली से जानेवाले रिक्शे अक्सर गिरकर उलट जाते थे।

छात्रावास तीन-महला था, जिसमें अठारह कमरे थे और उनमें चौवन लड़कियाँ और महिलाएँ रहती थीं। इनमें से कुछ कॉलेजों और कोचिंग इंस्टिच्यूटों की छात्राएँ थीं, कुछ नर्सें थी, कुछ दुकानों में काम करनेवाली सेल्स गर्ल्स थीं और कुछ प्राइवेट स्कूलों में काम करनेवाली शिक्षिकाएँ थीं। उनमें से अधिकांश के पास खाना बनाने के लिए किरासन तेल के स्टोव थे, वैसे एक मेस भी था जिसमें वे एक निश्चित कीमत पर एक निश्चित मात्रा में खाना पूरे महीने तक खा सकती थीं।

छात्रावास में कड़े नियम थे—दस बजे रात के बाद और छह बजे सुबह के पहले किसी महिला या पुरुष का प्रवेश वर्जित था और छह बजे सुबह से दस बजे रात तक कोई भी पुरुष दरबान के पास रखे रजिस्टर में अपना नाम और पता लिखने के बाद ही किसी कमरे में जा सकता था।

कौशल्या के कमरे में दो और लड़कियाँ थीं—सलोनी और सुन्दरी। वे किसी ट्रेनिंग इंस्टिच्यूट की छात्राएँ थीं। वे प्रतिदिन सुबह में दस बजते-बजते छात्रावास से निकल जाती थीं और रात में दस बजे लौटती थीं। किसी-किसी दिन सुबह के नौ बजते-बजते उन्हें साथ ले जाने के लिए एक सज्जन आते थे, जिन्हें वे मामाजी कहती थीं।

कुसुमपुर जैसे शहर में लड़कियों के लिए अकेले बाहर निकलना असुरक्षित था। मामाजी जब भी आते, अपने साथ प्लास्टिक के दो थैलों में ब्रेड और आमलेट लेते आते। सलोनी और सुन्दरी अपने कमरे में ही नाश्ता करतीं और अपने थैलों में कुछ कपड़े और किताबें लेकर मामाजी के साथ निकल जातीं क्योंकि वे ट्रेनिंग के बाद हर शाम दो-तीन घंटों तक प्राइवेट ट्यूशन करती थीं, जिस कारण पूरी तैयारी के साथ घर से निकलना आवश्यक था।

छात्रावास में आने के पन्द्रह दिनों के अन्दर कौशल्या का मामाजी से अच्छा परिचय हो गया और मामाजी उसके नाश्ते के लिए भी ब्रेड और आमलेट लाने लगे। मामाजी की बातें सुनकर उसमें सलोनी और सुन्दरी का इंस्टिच्यूट देखने की इच्छा जगी और उसने स्वयं ही मामाजी से इसका प्रस्ताव किया।

मामाजी बोले, ''बेबी, उस इंस्टिच्यूट में ट्रेनिंग के समय भी पेमेंट का इन्तजाम है। लेकिन जैसा काम, वैसा पेमेंट। काम इतना हलका कि दस साल की लड़की भी हँसते-हँसते कर ले। तुम तो अठारह पहुँच रही होगी।''

कौशल्या भरी देहवाली, तगड़ी युवती थी और केंचुल की तरह फिट होनेवाले कपड़ों के बावजूद उसकी उम्र छिपती नहीं थी। उसने कहा, ''मामाजी, दो महीने बाद सोलह लगेगा।''

मामाजी बोले, ''सोलह साल लड़कियों के लिए परफेक्ट उम्र है। वे कितना भी काम क्यों न करें, थकान नहीं होती, बल्कि मजा आता है।''

कौशल्या अब तक सलोनी और सुन्दरी की ट्रेनिंग की प्रकृति का सही अनुमान कर चुकी थी और उसे मामाजी की बात सुनकर गुदगुदी हुई। उसने हँसकर कहा, ''मामाजी, मैं यह जानने के लिए बेचैन हूँ कि सलोनी और सुन्दरी कैसा काम करती हैं कि रोज बारह घंटों तक खटने के बाद भी निखरती जा रही हैं।''

मामाजी ने जैसे उसकी बात सुनी ही न हो, अपनी धुन में सड़क की ओर बढ़ते रहे।

सड़क पर आकर मामाजी ने एक रिक्शा किया जिस पर वे तीनों लड़कियों के साथ बैठे। वे उनके साथ कुसुमपुर रेलवे स्टेशन के समीप स्थित एक ऐसी गली में गए जहाँ दोनों तरफ आधे-आधे दर्जन होटल थे। इस कारण उस गली को होटलवाली गली भी कहा जाता था। वे उन्हें एक होटल के एक ऐसे कमरे में ले गए, जहाँ पहले से ही आधा दर्जन लड़कियाँ बैठी थीं। वे इस तरह बनी-ठनी थीं, जैसे किसी सहेली की शादी में आई हों। मामाजी तीनों लड़कियों को कमरे में छोड़कर बाहर चले गए, मानो उन्होंने अपना काम पूरा कर दिया हो, और आगे का काम स्वयं लड़कियों को ही सँभालना हो।

सलोनी और सुन्दरी ने कमरे के एक कोने में रखी अलमारी से कपड़े और प्रसाधन सामग्री निकाली और ट्रेनिंग के लिए तैयार होने लगीं। सलोनी एक भड़कदार साड़ी और उससे मेल खाता हुआ ब्लाउज कौशल्या की तरफ बढ़ाती हुई मुस्कुराकर बोली, ''तुम भी तैयार हो जाओ, बेबी। ट्रेनिंग के लिए किसी भी समय बुलाया जा सकता है। तैयार होकर बैठना ही ठीक है।''

अब तक कौशल्या ट्रेनिंग के सम्बन्ध में सही अनुमान लगा चुकी थी, लेकिन उसे कोई एतराज नहीं था और कमरे में इतनी लड़कियों को उसके लिए तैयार देखकर उसका हृदय भी उत्साह से भर गया था।

रात के नौ बजे मामाजी नोटों से भरा एक बैग लेकर आए और हर लड़की को उस दिन की ट्रेनिंग की कमाई के अनुसार पैसे दिए। हर लड़की को दिनभर

की कमाई का पचास प्रतिशत मिलना था, बाकी रकम होटलवाले और मामाजी के लिए थी। कौशल्या को दो सौ रुपए मिले। उसने पहले कभी नहीं सोचा था कि ऐसे हल्के काम के लिए इतने अच्छे पैसे मिल सकते हैं। उसे अन्य लड़कियों से ईर्ष्या हुई जो वर्षों से इस पेशे में थीं और अपने आप पर तरस आई क्योंकि उसने अनेक बहुमूल्य वर्ष गँवा दिए थे।

लड़कियों के तीन दल थे। वे सभी आपस में मिलकर रहती थीं और ट्रेनिंग में एक-दूसरे की पूरी मदद करती थीं। कोई भी लड़की अपने सम्बन्ध में कोई सूचना अन्य किसी दल की लड़की को नहीं देती थी, सिर्फ मामाजी को सबके बारे में सबकुछ मालूम था। इस कारण मामाजी का उन पर कड़ा नियन्त्रण था और वे उनके इशारे पर नाचने के लिए तैयार रहती थीं। उन्हें यह भी नहीं मालूम था कि मामाजी उन्हें उनके हिस्से की पूरी कमाई देते थे या नहीं। लेकिन वे उन्हें अपना अभिभावक और शुभचिन्तक समझती थीं, इस कारण उनसे खुश रहती थीं।

लगभग साढ़े नौ बजे मामाजी लड़कियों के तीनों दलों के साथ बारी-बारी से बाहर गए और उन्हें कुछ हिदायतें दीं। जब वे सलोनी, सुन्दरी और कौशल्या के साथ बाहर गए तो कौशल्या से बोले, "बेबी, कल मैं तुम्हारे छात्रावास में नहीं जा सकता क्योंकि मुझे दूसरी जगह काम है। इच्छा हो तो सलोनी और सुन्दरी के साथ आ जाना। तुम यहाँ का काम जान ही गई हो। जितनी इच्छा हो, उतना ही काम करना। कोई जोर-जबरदस्ती नहीं है। इतना विश्वास रखना कि हिसाब में कोई गड़बड़ी नहीं होगी। मैं रहूँ या न रहूँ, तुम्हारा हिस्सा मिल जाएगा। इच्छा नहीं हो तो नहीं भी आ सकती हो। कोई जोर-जबरदस्ती नहीं।"

कौशल्या कुछ नहीं बोली। लेकिन वह उस दिन के अनुभव से बहुत खुश थी और उसने मन-ही-मन निश्चय कर लिया था कि यदि कोई विशेष कारण नहीं हुआ तो वह प्रतिदिन होटल में ट्रेनिंग के लिए जाएगी। कॉलेज की पढ़ाई उतनी आकर्षक नहीं थी जितना उसने सोचा था, लेकिन अब उसे मनपसन्द काम मिल गया था और उसे कुसुमपुर से कोई शिकायत नहीं थी।

[12]

सलोनी और सुन्दरी ने कौशल्या को बार-बार सावधान किया कि वह यथोचित सुरक्षा की व्यवस्था अवश्य कर ले और इसके लिए उन्होंने उसे कवच और औषधियाँ दीं, लेकिन उसने विद्रूप से हँसकर उनके परामर्श की अनसुनी कर दी और पूरे उत्साह के साथ नए अनुभवों का आनन्द लेने में लग गई।

एक महीना बीतते-बीतते उसे मालूम हो गया कि उसे गर्भ रह गया है, जिससे उसके उत्साह पर दो-चार दिनों के लिए ठंडा पानी पड़ गया, लेकिन उसके बाद वह नए जोश के साथ अपने काम में लग गई मानो उसने सीमित अवधि में आनन्द का अधिक से अधिक रस निचोड़ने का निश्चय कर लिया हो। उसने गर्भ रहने की सूचना किसी को नहीं दी और प्रतिदिन, एक दिन का भी व्यवधान किए बिना, होटल में जाती रही। यह सिलसिला दो महीनों तक चला।

लेकिन एक दिन, जब वह होटल के एक कमरे से लौटी, वह खून से लथपथ थी और तब दूसरों को मालूम हुआ कि वह गर्भवती थी। उसे धो-पोंछकर गच पर लिटाया गया और शाम को जब अँधेरा घिर आया तो मामाजी उसे रिक्शे में बिठाकर उसी गली में एक स्त्री रोग-विशेषज्ञ के पास ले गए जिस गली में शर्मा महिला छात्रावास अवस्थित था।

गन्दी, नहर की तरह चौड़ी, नाली के किनारे एक गैरेजनुमा कमरे के ऊपर बोर्ड लगा था—डॉ. लोटन शर्मा और डॉ. अनिता शर्मा—स्त्री रोग-विशेषज्ञ दम्पती। कमरे में बिजली नहीं थी, लेकिन किरासन तेल की लालटेन जल रही थी जिसे मेज पर सामने रख शर्मा दम्पत्ति अगल-बगल में बैठे थे। उनके पीछे लाल रंग का एक पर्दा था। वह कमरे को दो भागों में विभक्त करता था, जो पीछे के हिस्से को एक अलग कमरे का रूप दे देता था। लोटन शर्मा और अनिता शर्मा ने तुरत कार्रवाई की। लोहे की कठौती में रखे एक दर्जन से ऊपर धारदार और बिना धारवाले औजारों को पर्दे के पीछे के कमरे में नल के पानी से धोकर साफ किया और कौशल्या को लोहे की खाट पर लिटाकर और नाइलन की रस्सी से बाँधकर उस पर उन औजारों से तरह-तरह के प्रयोग किए। कौशल्या रोती और चिल्लाती रही और मामाजी उसे समझाते रहे और एक गन्दे तौलिए से उसका मुँह बन्द करते रहे ताकि आवाज के बाहर जाने से अनावश्यक हंगामा न हो।

दो घंटे के प्रयोग के बाद कमरे में आधा इंच मोटी लहू की चादर फैल गई और कौशल्या बेहोश होकर शान्त हो गई। अनिता शर्मा अपना बायाँ कान उसकी नाक के समीप कर एक मिनट तक खड़ी रही, फिर मुस्कुराती हुई बोली, "पेशेंट इम्प्रूव कर रहा है।"

थोड़ी देर बाद मामाजी कौशल्या को बेहोशी की अवस्था में ही रिक्शे पर लादकर शर्मा महिला छात्रावास में उसके कमरे में ले गए और उसे सलोनी और सुन्दरी को सुपुर्द करते हुए बोले, "इसे होश आ जाए तो समझाना कि कोई बात नहीं, सब ठीक हो जाएगा और देखना, इसे कोई तकलीफ नहीं हो। जरूरत हो तो सारी रात जग जाना, रोज-रोज थोड़े ही जगना है। मैं कल इसे इसके घर

पहुँचा दूँगा। शर्मा महिला छात्रावास को बेइज्जती से बचाना है। हम लोगों की रोजी-रोटी इससे जुड़ी हुई है।''

कौशल्या को चार-पाँच घंटों के बाद होश आया, लेकिन उसने आँखें नहीं खोलीं और चौकी पर लेटी हुई छटपटाती और कराहती रही। सुबह में मामाजी ने सलोनी और सुन्दरी की सहायता से उसे रिक्शे में बिठाया, रेलवे स्टेशन ले जाकर कुली लोगों की मदद से रेलगाड़ी पर लादा और रोहितपुर में उसके पिता रामदेव सिंह के घर पहुँचा दिया। उसने रामदेव सिंह को बताया कि शर्मा महिला छात्रावास में सीढ़ियों से गिर जाने के कारण उसे इंटर्नल हैमरेज हो गया है, लेकिन उचित इलाज होने पर दो-चार दिनों में चंगी हो जाएगी।

रामदेव सिंह को अभी भी डॉक्टर सुभाष मुखर्जी की योग्यता पर विश्वास था और बेटी को दिखाने के लिए अपनी कार में उसे उनके घर ले आए।

सुभाष मुखर्जी ने कौशल्या को देखा, उससे कुछ प्रश्न पूछे और रामदेव सिंह को सलाह दी कि उसकी जाँच किसी लेडी डॉक्टर से कराएँ।

तब रामदेव सिंह रोहितपुर की प्रसिद्ध डॉक्टर रानी शर्मा को बुला लाए। रानी शर्मा ने कौशल्या की पूरी तरह से जाँच की और मुस्कुराहट बोली, ''केस कुछ उलझा हुआ है। लेकिन घबड़ाने की कोई बात नहीं। पेशेंट दो-चार दिनों में ठीक हो जाएगी।''

पिता से कौशल्या की बीमारी का हाल सुन उसे देखने के लिए सुजाता मुखर्जी 'प्रभाती' में गई और उससे रोग के बारे में पूछा। कौशल्या ने उसके अधिकांश प्रश्नों के उत्तर हाँ-ना में दिए और चुप हो गई।

चौथे दिन उसकी मौत हो गई और उसका अन्तिम संस्कार सुवर्णा के तट पर, 'प्रभाती' से एक किलोमीटर दक्षिण, जहाँ मुर्दे जलाए जाते थे, कर दिया गया।

[13]

रामदेव सिंह को अपनी ज्येष्ठा पुत्री के विद्या-प्रेम से इतनी निराशा हुई कि उसने अपनी शेष दोनों पुत्रियों के विद्याध्ययन पर पूर्ण विराम देकर उन्हें गृहस्थ जीवन में प्रवेश कराने का निश्चय किया। कुछ ही महीनों में उसने ऐसे दो लड़के खोज लिए जो सजातीय थे, सम्पन्न किसान-परिवार के थे और स्थानीय सहदेव जैन कॉलेज में पढ़ते थे। रामदेव सिंह ने तिलक-दहेज में पूरा खर्च किया और कैकेयी और सुमित्रा की शादी कर जब उन्हें ससुराल भेज दिया, तब उसने चैन की साँस ली। उसने अपनी सन्तान के प्रति अपना कर्तव्य पूरा कर दिया था और

अब अपने भट्ठों पर काम करनेवाली मजदूरनियों से दो-चार मीठी बातें कर सकता था।

लेकिन शादी को दो महीने भी नहीं बीते थे कि कैकेयी और सुमित्रा मायके लौट आईं और उनके साथ रामदेव सिंह के दोनों दामाद भी 'प्रभाती' में आ गए। फिर हर रोज सुबह से ही 'प्रभाती' में ऐसा तुमुल नाद होने लगा कि सामने सड़क से होकर गुजरनेवाले लोग स्तब्ध हो दस-पन्द्रह मिनटों तक रुक जाते।

कैकेयी और उसका पति 'प्रभाती' के भीतरी बरामदे की एक तरफ वाग्युद्ध के लिए ललकारते हुए आ खड़े होते, तो उसी क्षण सुमित्रा और उसका पति भी युद्ध के लिए पूरी तरह सन्नद्ध बरामदे की दूसरी तरफ अपने कमरे के सामने उपस्थित हो जाते।

दोनों तरफ से घंटों तक ऐसे तीर छोड़े जाते कि उनकी टकराहट से मेघ-प्रस्तरों की टकराहट से निकलनेवाले विद्युत की तरह आसमान में मीलों ऊँची लपटें उठतीं और मेघ-गर्जन की तरह आवाज पैदा होती। कुछ देर बाद धरती के ऊपर से एक बवंडर उठता और आग की लपटों को दाएँ-बाएँ के घरों की तरफ ढकेलता, जिससे उनमें निवास करनेवालों का दम घुटता और वे प्राण-रक्षा के लिए बाहर भागते।

सबसे अधिक लपटें 'गीतांजलि' की तरफ जातीं, लेकिन त्रिलोकी सिंह युद्ध शुरू होते ही अन्यत्र चले जाते और रोहिणी देवी धर्मग्रन्थों की दुनिया में कहीं दूर जाकर खो जातीं।

'कल्याणी' में भी कृष्णदेव के दोनों पुत्र, बलदेव और बुद्धिदेव, जो अब सोलह वर्ष पार कर चुके थे, अपने अधिकारों के प्रति सजग हो गए थे और आए-दिन पैसे के लिए कुहराम मचाते थे। कृष्णदेव उन्हें जेब-खर्च के लिए जो पैसे देते थे, वे पैसे उनके लिए कम पड़ते थे, और पर्याप्त पैसे के लिए वे उन्हें अपमानित करते थे। इस कारण कृष्णदेव सिंह अपना अधिक समय कल्याणी के बाहर, टायर की दुकान में या ईंट के भट्ठों पर बिताते थे।

बलदेव और बुद्धिदेव की मुलाकात कुछ समय तक कृष्णदेव सिंह से नहीं होती, तो वे अपनी दृष्टि त्रिलोकी सिंह पर डालते और 'गीतांजलि' के सामने आकर ऐसा कुहराम मचाते कि त्रिलोकी सिंह कुछ पैसे देकर अपनी जान छुड़ाते। लेकिन यह मुक्ति पूरी तरह अस्थायी थी, दो-चार दिनों के बाद फिर वही काली, डरावनी छाया उनके सामने आ खड़ी होती और उससे मुक्ति के लिए उन्हें वही युक्ति अपनानी पड़ती। इससे उन्हें बहुत मानसिक क्लेश होता, उनके मन में तरह-तरह के विचार उठते और एक आवाज यह कहती कि इस क्लेश की सारी जिम्मेवारी रधिया और लक्ष्मी से उनके सम्बन्धों की है। यह आवाज उन्हें

धिक्कारती और वे मन-ही-मन निश्चय करते कि वे सम्बन्ध तोड़ लेंगे। लेकिन शाम ढलते-ढलते उनकी बेचैनी बढ़ने लगती और रात के दस बजते-बजते वे इतना बेचैन हो जाते कि अपने कमरे के भीतरी बरामदे में खुलनेवाला दरवाजा खोल देते और रधिया और लक्ष्मी जो बरामदे के किसी कोने में प्रतीक्षा कर रही होतीं, बोतलों और गिलासों के साथ कमरे में प्रवेश करतीं और अन्दर से सिटकनी लगा देतीं।

इस बीच रोहिणी देवी पूजाघर में चौकी पर, राम, सीता और हनुमान की काँसे की मूर्तियों के सामने रामचरितमानस का पाठ करती रहतीं। वर्षों से इस पाठ को करते रहने के कारण पूरी पुस्तक उन्हें कंठस्थ हो गई थी, लेकिन पाठ के समय उनकी आँखें अक्षरों पर ही गड़ी रहती थीं, जैसे वह कोई कर्मकांड हो जिसका अनुपालन करना अनिवार्य हो।

[14]

अनुराधा की आँखों के सामने अतीत उसी तरह भाग रहा था जिस तरह रेलगाड़ी की खिड़की के पास बैठे यात्री के सामने बाहर का परिदृश्य भागता है। लेकिन वह रेलगाड़ी ऐसी थी जिसका न कोई गन्तव्य स्थान था और न कोई निश्चित दिशा थी। उसका मन अशान्त था और इस कारण हर क्षण उसके पंखों की गति और उनकी उड़ान की दिशा बदल रही थी और वह अनिश्चय की आँधी में पड़ी थी।

जब उसने समदर्शी विश्वविद्यालय में प्रवेश किया, वह बाईस वर्ष की हो चुकी थी, लेकिन वह असाधारण आदर्शों के लोक में पली थी। इस कारण उसकी इच्छाओं में किंचित असामान्यता प्रवेश कर चुकी थी। उसने अपने परिवार और पास-पड़ोस की जिन्दगी में जो कुछ देखा था, उससे उसका मन गहरी उदासी का शिकार हो गया था। धीरे-धीरे उसे विश्वास हो गया था कि व्यक्ति और समाज के सारे दुःखों की जड़ में स्वार्थ है और इसके मूलोच्छेद से ही जीवन में सुख और शान्ति आ सकती है। उसके मन में एक सफल गृहिणी और माँ बनने की इच्छा कभी नहीं जगी थी। वह उस मार्ग को अपनाना चाहती थी जिससे संघर्ष और अशान्ति का अन्त हो। इसके लिए स्वार्थ का अन्त आवश्यक था। वह समझ नहीं पाती थी कि यह कैसे सम्भव होगा। उसकी तलाश को एक दिशा अवश्य मिली थी, लेकिन ऊहापोह की स्थिति का अन्त नहीं हुआ था।

जब उसने समदर्शी विश्वविद्यालय में दाखिला लिया, उसे पद्मावती छात्रावास में एक कमरा मिला। पद्मावती छात्रावास सिर्फ लड़कियों के लिए था, लेकिन इसमें उस नियन्त्रण का बिलकुल अभाव था जिसमें वह अब तक रही थी। छात्रावास

की अधीक्षिका, स्वयं अविवाहिता थी, छात्रावास भवन के निचले तल्ले में बने अधीक्षिका-खंड में अकेले रहती थी और अपना अधिक समय बाहर बिताती थी।

छात्रावास की लड़कियाँ लड़कों से मिलने के लिए न सिर्फ छात्रावास के बाहर स्वतन्त्र थीं, बल्कि छात्रावास के अन्दर भी अपने मित्रों को बिना किसी व्यवधान के ले आने के लिए स्वतन्त्र थीं।

सिर्फ पद्मावती छात्रावास में ही नहीं, बल्कि पूरे विश्वविद्यालय परिसर के वातावरण में स्वतन्त्रता की हवा इस तरह बसी थी कि उसे हर कदम पर महसूस किया जा सकता था। व्यक्तिगत आचरण में यदि किसी तरह का नियन्त्रण था तो वह आत्मनिर्णीत था, उसमें किसी तरह का बाहरी दबाव नहीं था।

अनुराधा को लगा कि उसने अपने भविष्य के सम्बन्ध में जो सपने देखे थे, उनके सच होने का समय आ गया। उसे सिर्फ अपने पंखों को खोले रखना है ताकि वह हवा के साथ उड़ती हुई सात सागरों के उस पार पहुँच सके, जहाँ तसले और कड़ाही के लिए, खाट और पलँग के लिए, साइकिल और ट्रक के लिए, बाप-बेटा और भाई-बहन एक-दूसरे का मुँह नहीं नोचते, जहाँ लोग सिर्फ रोटी-दाल के लिए नहीं जीते। गीतांजलि, प्रभाती और कल्याणी में होनेवाला कलह उसके लिए इतना असह्य था कि उसके मन में सुवर्णा और रोहितपुर के प्रति उदासीनता पैदा हो गई थी।

छात्रावास में उसकी बगल का कमरा दर्शनशास्त्र विभाग की—वह स्वयं राजनीतिशास्त्र विभाग की छात्रा थी—उससे एक वर्ष सीनियर छात्रा का था, जिसका नाम मीरा महाजन था।

मीरा ने खुली बाँहों से उसका स्वागत किया, उसके कपड़ों और किताबों को सजाकर रखने में उसकी मदद की फिर कैंटिन में ले जाकर मिठाई खिलाई। कैंटिन में एक दर्जन छात्र-छात्राएँ उनके पास आ गईं और सबने गर्मजोशी से उसका स्वागत किया।

मीरा महाजन उसे अपने कमरे में ले गई, जो अत्यन्त सुरुचिपूर्ण ढंग से सजाया गया था और जहाँ हवा की हर साँस में उसमें निवास करनेवाले की ज्ञान-पिपासा की तीव्रता का अनुभव किया जा सकता था। पढ़ने की मेज के ठीक सामने दीवाल पर वामपन्थ के प्रवर्तक दो महान विचारकों के चित्र टँगे थे जिनसे शक्ति और आतंक का प्रकाश निकलता था।

अनुराधा ने अपने बी.ए. के पाठ्यक्रम में इन विचारकों द्वारा प्रतिपादित कुछ सिद्धान्तों को पढ़ा था और उनसे बहुत प्रभावित हुई थी। लेकिन उसने उस समय नहीं सोचा था कि शिक्षा-जगत में भी उन विचारकों के ऐसे प्रशंसक हैं जो उनकी तस्वीरों को अपने कमरों में देवी-देवताओं की तस्वीरों की तरह रखते हैं।

उसने मीरा महाजन से मजाक के लहजे में पूछा, ''दीदी, क्या आप किसी राजनीतिक दल में शामिल होकर राजनेता बनने की सोच रही हैं?''

मीरा महाजन ने जवाब दिया, ''अनु, मैं किसी राजनीतिक दल में शामिल होऊँ या नहीं, मैं इन दोनों विचारकों को दुनिया का सबसे बड़ा विचारक मानती हूँ। विश्व इतिहास में इनके जोड़ का अन्य कोई विचारक नहीं। इनके समाज-दर्शन ने विश्व इतिहास को एक नया मोड़ दिया और युगों-युगों के अत्याचार से मुक्ति का मार्ग दिखलाया।''

अनुराधा समझ नहीं पाई कि मीरा महाजन जो कह रही है, वह गम्भीरता से कह रही है या मजाक कर रही है। बोली, ''दीदी, आप जो कह रही हैं, वह कोई नई बात थोड़े है। हर युग में ऐसे विचारक हुए हैं जिन्होंने मनुष्य को अत्याचार और दुःख से मुक्ति का रास्ता दिखाया है। लेकिन दुखों का अन्त कहाँ हो पाया? कुछ समय तक लोग झूम उठे, फूलों की वर्षा हुई, ढोल और नगाड़े बजे, फिर वही रुदन और चीत्कार! दीदी, क्या गारंटी है कि इस नए दर्शन की वही नियति नहीं होगी?''

मीरा ने जवाब दिया, ''प्यारी अनु, जैसी शंका तुम्हारे मन में है, वैसी ही शंका बहुतों के दिमाग में उठती है। लेकिन ये लोग पहले के विचारकों और आधुनिक काल के वामपन्थी विचारकों की सबसे बड़ी भिन्नता को भूल जाते हैं। ये भूल जाते हैं कि पहले के विचारकों के सिद्धान्त मूल रूप से कल्पना-प्रसूत थे, उनकी जड़ यथार्थ में नहीं थी। इसके विपरीत वामपन्थी विचारकों के दर्शन की जड़ सामाजिक यथार्थ में है। यह दर्शन मानव-समाज की प्रगति का जो रास्ता दिखाता है वह वैज्ञानिक तथ्यों पर आधारित है। यही कारण है कि यह दर्शन उस वट-वृक्ष की तरह फैल रहा है जो अमर है और जिस पर हजारों पक्षी निवास करते हैं। यह ऐसा दर्शन है जो समाज के विकास को उचित दिशा देता है और इस कारण मानवी गुणों के विकास में सहायक होता है। अनु, मनुष्य जिन परिस्थितियों में पलता है और जिन आदर्शों की छाया में जीता है, उनके अनुरूप ही उसके अन्दर चारित्रिक विशेषताएँ आ जाती हैं। अब तक का मानव-समाज संघर्ष और शोषण पर आधारित रहा है। इस कारण उसके अन्दर दानवी गुणों का विकास हुआ है और वह स्वार्थ का पुतला बन गया है। वामपन्थ के दार्शनिकों ने भविष्य का जो समाज देखा है, वह प्रेम और बन्धुत्व पर आधारित होगा और मनुष्य में उसके अनुरूप ही चारित्रिक गुणों का विकास होगा। इस तरह एक नए मानव की सृष्टि होगी।''

मीरा महाजन एक क्षण के लिए रुक गई। उसके हाव-भाव से ऐसा लगता था कि उसने अपना भाषण पूरा नहीं किया है और वह उसे जारी रखने के मूड

में है। अनुराधा अभी ऐसे भाषण से बचना चाहती थी। उसने हँसकर कहा, "दीदी, लगता है कि वामपन्थी विचारकों ने आप पर गहरा प्रभाव छोड़ा है। क्या यह पुस्तकों के अध्ययन से ही है या मित्रों के सम्पर्क का भी प्रभाव है?"

मीरा महाजन ने भी हँसते हुए जवाब दिया, "बहन, कहना कठिन है कि अंडा पहले आया या मुर्गी पहले आई। इस विश्वविद्यालय के वातावरण में विचारों की स्वतन्त्रता बसी हुई है और जब ऐसी स्वतन्त्रता हो तो आदमी स्वयमेव सत्य तक पहुँच जाता है। इस विश्वविद्यालय में हर व्यक्ति को हर विषय पर अपने ढंग से सोचने के लिए प्रोत्साहित किया जाता है। इसका परिणाम यह हुआ है कि यहाँ के अधिकांश विद्यार्थी वामपन्थी विचारकों के समर्थक और प्रशंसक हैं। उनके कमरों में इन विचारकों की तस्वीरों को उसी तरह पूजा जाता है जिस तरह पुरानपन्थी लोगों के घरों में देवी-देवताओं की तस्वीरों को पूजा जाता है। यह बात नहीं है कि दूसरी विचारधाराओं के समर्थक यहाँ नहीं हैं। वे भी हैं, लेकिन उनकी संख्या कम है। वैचारिक स्वतन्त्रता का एक परिणाम यह है कि यहाँ विभिन्न विचारधाराओं के प्रतिपादकों और प्रचारकों को अक्सर बुलाया जाता है, और उनकी बातों को गम्भीरता से सुना जाता है। लेकिन यहाँ सबसे अधिक आदर वामपन्थ के विचारकों और प्रचारकों का होता है। यहाँ का वातावरण ऐसा है कि उसके प्रभाव से इस विश्वविद्यालय में आनेवाले अधिकांश विद्यार्थी थोड़े समय में ही वामपन्थी विचारधारा के प्रभाव में आ जाते हैं।"

वह एक क्षण रुककर बोली, "मेरा विश्वास है कि थोड़े दिनों में तुम्हारे कमरे में भी इन महान विचारकों की तस्वीरें टँग जाएँगी।"

अनुराधा को यह खयाल बुरा नहीं लगा। रोहितपुर की बँधी हुई जिन्दगी से उसके मन में जो कड़वाहट पैदा हो गई थी, वह इस खयाल से कम हो गई कि अब वह हर तरह की पुस्तकों से सम्पर्क करने के लिए स्वतन्त्र होगी और वैचारिक धरातल पर अपने कर्तव्यों के सम्बन्ध में हर तरह के निर्णय बिना किसी दबाव के ले सकेगी।

[15]

अनुराधा ने देखा कि समदर्शी विश्वविद्यालय के अधिकांश विद्यार्थी किसी अनुपस्थित व्यक्ति या व्यक्तियों के सम्बन्ध में, चाहे वे जीवित हों या मृत, बातें करते समय उनका जिक्र उनके नाम से नहीं बल्कि कुछ विशेष लेबेल से करते थे जो उनकी चारित्रिक विशेषताओं को उजागर करते थे–यथा प्रगतिवादी, प्रतिक्रियावादी, शोषक, शोषित, जोंक, बैल, चमगादड़, गिद्ध, चम्मच, कलछुल

आदि। ये लेबेल सीमित संख्या में थे, लेकिन ये हर तरह के व्यक्तियों और समुदायों पर फिट हो जाते थे और उनके सम्बन्ध में बातें करनेवालों को एक-दूसरे को समझने में कोई कठिनाई नहीं होती थी। इससे एक लाभ और भी था। सभी लोग और समुदायों को थोड़े और सुनिश्चित वर्गों में बाँट देने से उन्हें समझने में और उनके सम्बन्धों में स्थायी और अकाट्य सिद्धान्तों का प्रतिपादन करने में आसानी होती थी। व्यक्तियों और समुदायों का ऐसा वर्गीकरण वामपन्थी विचारकों के सिद्धान्तों पर आधारित था, जिस कारण उसे चरम सत्य के रूप में दिग्दर्शित करने में गर्व का अनुभव होता था। इस गर्व के पीछे वामपन्थी विचारकों के समाज-दर्शन से परिचय ही नहीं था, बल्कि हर सामाजिक और राजनीतिक समस्या के सरलीकरण की योग्यता भी थी जो इस परिचय से उन्हें अनायास ही हासिल हो गई थी।

अनुराधा अपने परिचय के विद्यार्थियों की वैचारिक स्पष्टता और प्रतिबद्धता से बहुत प्रभावित हुई और उसने भी वामपन्थी विचारकों के जीवन-दर्शन से परिचय प्राप्त करने का निश्चय किया। इसमें मीरा महाजन से उसे विशेष प्रोत्साहन मिला। उसने उसे पुस्तकें और तस्वीरें दीं और उसका अनेक ऐसे विद्यार्थियों और शिक्षकों से परिचय कराया जो वामपन्थी समाज-दर्शन के प्रबल समर्थक थे।

छह महीने बीतते-बीतते वह स्वयं वामपन्थी समाज-दर्शन की प्रशंसिका बन गई और मूढ़ राजनीतिक और दार्शनिक प्रश्न जो पहले उसे उलझे हुए लगते थे, अब नक्शे के रंगों की तरह स्पष्ट हो गए।

इस बीच मीरा महाजन ने उसका परिचय हीरालाल शास्त्री से कराया जो वामपन्थी क्रान्ति दल का नेता था और जो सुदेश की संसद का सदस्य था। वह पैंतालीस वर्ष से अधिक का नहीं था, लेकिन अपनी असाधारण योग्यता के बल पर दल की केन्द्रीय राजनीतिक समिति का, जो दल के सर्वाधिक प्रभावशाली लोगों का गुट था, सहायक मन्त्री था, और दल के बड़े-बड़े निर्णयों के रूपायन और कार्यान्वयन में उसकी महत्त्वपूर्ण भूमिका रहती थी। उसका चेहरा गोल था, जो सफाचट होने के कारण अधिक प्रभावकारी दीखता था, आँखें भूरी थीं और केश काले और घने थे। वह अक्सर रंगबिरंगी चेक की कमीज और पैंट पहनता था, जिस कारण फिल्म जगत के किसी विदूषक की तरह लगता था। लेकिन वह कभी-कभी पतला पजामा, लम्बा कुर्ता और टोपी भी पहन लेता था और तब वह किसी होटल के बेयरा-जैसा लगता था। लेकिन जब वह बातें करता, तो उसकी आवाज गम्भीर और धीमी होती और उसके हर तर्क के पीछे ऐसी दार्शनिक पृष्ठभूमि होती कि सुननेवाला प्रभावित हुए बिना नहीं रहता।

हीरालाल शास्त्री को उस दिन राजनीतिशास्त्र विभाग में वामपंन्थ और निर्वाचन पर व्याख्यान देने के लिए आमन्त्रित किया गया था। उसने वामपन्थी समाज-दर्शन के आलोक में जनप्रतिनिधियों के निर्वाचन की आवश्यकता पर ऐसा सारगर्भित भाषण दिया था कि सभी उससे चमत्कृत रह गए थे। उसने यह भी प्रमाणित कर दिया था कि कुछ महीने पहले सुदेश में जो आम चुनाव हुआ था, उसमें सुदीर्घनासा प्रियदर्शिनी को संसद में बहुमत मिलना अनिवार्य था, क्योंकि उसे लोकमत और जनमत दोनों का समर्थन प्राप्त था। उसने लोकमत और जनमत में ऐसा सूक्ष्म अन्तर स्थापित किया था कि श्रोता उसकी विवेचना से आश्चर्यचकित रह गए थे, यद्यपि यह अधिकांश श्रोताओं के सिर के ऊपर से गुजर गई थी। भाषण के अन्त में हीरालाल ने बीस पृष्ठों की स्वलिखित पुस्तक, 'प्रतिक्रान्ति और बुद्धिजीवी वर्ग' की एक-एक प्रति श्रोताओं को दी थी, इस गम्भीरता के साथ कि उसमें ऐसे सत्य का उद्घाटन था जिसे जानने के बाद कुछ और जानने की जरूरत नहीं रह जाए।

जब हीरालाल शास्त्री विभाग से निकला तो पचास से ऊपर छात्र और छात्राएँ उसके पीछे-पीछे चले, जिस तरह किसी धर्मोपदेशक के पीछे-पीछे उसके अनुयायी चलते हैं और उसकी गाड़ी के चारों तरफ खड़े हो गए। उनमें से अनेक ने लोकमत और जनमत के भेद को अधिक स्पष्ट करने की माँग की। हीरालाल शास्त्री ने कार के दरवाजे के पास खड़े होकर कुछ देर तक अत्यन्त गम्भीर आवाज में इस भेद को स्पष्ट किया और छात्र और छात्राओं ने तालियाँ बजाईं और हर्षनाद किया। लेकिन कुछ श्रोताओं के मन में प्रश्नों की संख्या कम होने के बदले बढ़ गई।

हीरालाल शास्त्री ने समझाया, "मित्रो, लोकमत और जनमत के अन्तर को हृदयंगम करने के लिए द्वन्द्वात्मक भौतिकवाद को मास्टर करना अनिवार्य है। इसको मास्टर करने के बाद ही वर्तमान राजनीतिक व्यवस्था में आम-चुनाव में किए जानेवाले क्रान्तिकारी प्रयोग को समझा जा सकता है जिससे एक विशेष राजनीतिक दल सत्ता में बना रहता है। प्रधानमन्त्री सुदीर्घनासा की राजनीतिक सफलता का रहस्य लोकमत और जनमत का सूक्ष्म अन्तर को हृदयंगम करना ही है। मैं अपने अगले प्रवचन में इस विषय पर विशेष रूप से प्रकाश डालूँगा क्योंकि यह राजनीतिशास्त्र के विद्यार्थियों के लिए अत्यन्त रचनात्मक विषय है। वैसे इस विषय पर विशेष चर्चा के लिए आपमें से जो चाहें फोन कर मेरे आवास पर मिल सकते हैं।"

सभी छात्रों और छात्राओं ने तालियाँ बजाईं और हर्षनाद किया। हीरालाल शास्त्री की गाड़ी चली गई तो मीरा महाजन, आह्लाद के अतिरेक से अनुराधा के

दोनों हाथों को अपने हाथ में लेकर जुगनू की तरह चमकती आँखों से रास्ते की तरफ ताकती हुई बोली, "मैंने कहा था न तुमसे? मैंने कहा था न कि हीरालालजी असाधारण प्रतिभा के धनी व्यक्ति हैं? इनके सम्पर्क में आने के बाद अनेकानेक भ्रान्तियाँ दूर हो जाती हैं? मैं एक दिन तुम्हें उनसे मिलने के लिए ले चलूँगी।"

अनुराधा ने पूछा, "दीदी, क्या आपने उनका निवास देखा है? देवल बहुत बड़ा शहर है। पूरी जानकारी नहीं रहने पर भटक जाने की सम्भावना है।"

मीरा हँसकर बोली, "नहीं, भटकने का कोई डर नहीं। मैं हीरालालजी के निवास पर दो-तीन बार गई हूँ। इस विश्वविद्यालय में उन्हें सभी जानते हैं। यहाँ कोई भी इनके निवास का पता बता देगा।"

[16]

अगले रविवार को मीरा महाजन उसे लेकर हीरालाल शास्त्री के मकान पर गई। यह मकान एक रिहायशी इलाके में था और देश की संसद के सदस्यों के लिए सरकार द्वारा बनवाए गए मकानों में से एक था। वहाँ सड़क पर पैदल चलनेवालों की संख्या नहीं के बराबर थी, दुपहियों वाहनों की संख्या भी कम थी, अधिक लोग अपनी कारों में ही आ-जा रहे थे। मीरा महाजन ने टैक्सी कर ली थी।

कॉलबेल बजने पर हीरालाल स्वयं दरवाजा खोलने के लिए आया। उसने उनका स्वागत करते हुए मीरा महाजन से कहा, "तुमने अच्छा किया कि अपनी मित्र को भी लेती आईं। मैं चाहता हूँ कि वामपन्थ में अधिक से अधिक लोग दीक्षित हों और समाज के विकास के सच्चे मार्ग को पहचानें।"

जब वे ड्राइंगरूम में बैठ गए तो उसने एक सौ रुपए का एक नोट मीरा महाजन की तरफ बढ़ाते हुए कहा, "मीरा, मैंने देखा कि तुम यहाँ टैक्सी में आई हो। इससे मुझे बड़ी खुशी हुई। इससे वामपन्थी समाज-दर्शन के प्रति तुम्हारा गहरा लगाव परिलक्षित होता है। तुम्हारे इस लगाव को देखकर मुझे अपने कर्तव्य का ध्यान आता है। मैं नहीं चाहता हूँ कि महिलाएँ मेरे पास आने के लिए अपनी जेब से पैसे खर्च करें। तुम मेरे सिद्धान्त से परिचित हो, मैं ये बातें अनुराधा के लिए कह रहा हूँ। ये पैसे रख लो। ये टैक्सी पर होनेवाले खर्च के लिए हैं।"

मीरा ने नोट को ले लिया और उसे अपने पर्स में रखती हुई मुस्कुराकर अनुराधा से बोली, "अनु, साथी हीरालालजी सिद्धान्त के पक्के आदमी हैं। ये श्रम के लिए पूरा पारिश्रमिक देना अपना धर्म समझते हैं।"

अनुराधा पूरी बात समझ नहीं पाई, लेकिन उसे हीरालाल का सिद्धान्त के प्रति आग्रह अच्छा लगा। वह उस समय तक ऐसे किसी व्यक्ति के सम्पर्क में नहीं आई थी जो देश की राजनीति में इतना ऊँचा स्थान रखते हुए भी दूसरों के हित-अहित का, भावनाओं का, इतना खयाल रखता हो। उसका मन हीरालाल के प्रति आदर से भर गया। ऐसे लोग समाज की विभूति हैं। उनके कन्धों पर ही सामाजिक जीवन का महल टिका हुआ है, अन्यथा यह भरभराकर गिर जाता।

हीरालाल का ड्राइंगरूम सादे लेकिन सुरुचिपूर्ण ढंग से सजा था। लेकिन एक विशेषता, जो तुरत ध्यान को आकृष्ट करती थी, वह थी लाल रंग का प्राचुर्य। सोफा से लेकर दरवाजों और खिड़कियों के पर्दे सभी लाल रंग के थे। दीवालों पर दोनों वामपन्थी दार्शनिकों के विशालकाय चित्र थे, जिनकी आँखों से निकलनेवाले प्रकाश से कमरा प्रकाशित हो रहा था। एक दीवाल में लगी अलमारी में लाल रंग की जिल्द में बँधी मोटी-मोटी किताबें रखी थीं जो स्पष्टतः वामपन्थी दर्शन की थीं। लेकिन वे इस तरह सजाकर रखी हुई थीं कि लगता था, उनका उपयोग अध्ययन के लिए नहीं, बल्कि सजावट के लिए होता था। कमरे के एक कोने में एक कैसेट मद्धिम आवाज में कोई क्रान्तिकारी गीत गा रहा था जो इतना प्रभावोत्पादक था कि वहाँ दो मिनटों से अधिक रुकनेवाले की सोचने की शक्ति तब तक के लिए नष्ट हो जाती थी जब तक वह वहाँ रहता था। अनुराधा कुछ ही मिनटों में वातावरण के नशे का शिकार हो गई। उसे लगा कि वह सौभाग्य से ऐसे लोगों का साथ पा गई है जिनसे उसके मन में उठनेवाले प्रश्नों के सन्तोषप्रद उत्तर मिल जाएँगे।

सांसद हीरालाल उस सरकारी मकान में अकेला रहता था। उसकी पत्नी, हीरालाल के गृहराज्य में एक स्कूल शिक्षिका थी। वह देवल से सैकड़ों मील दूर स्थित एक छोटे-से शहर में रहती थी। वह कभी-कभार लम्बी छुट्टियों में दो-चार दिनों के लिए देवल आ जाती थी, अन्यथा उसे अपनी नौकरी और चारों बच्चों की सेवा से फुर्सत नहीं मिलती थी।

हीरालाल ने देवल के अपने निवास को वामपन्थी दर्शन के प्रचार का ऐसा केन्द्र बना दिया था जिसका सूत्रधार वह स्वयं था और जिससे न सिर्फ वामपन्थी दर्शन को शक्ति मिलती थी, बल्कि स्वयं उसे भी शारीरिक, मानसिक और आध्यात्मिक आनन्द मिलता था। उसके व्यक्तित्व से प्रभावित व्यक्तियों में अधिकांश महिलाएँ थीं और उनमें पचास प्रतिशत से अधिक समदर्शी विश्वविद्यालय की वर्तमान या पूर्ववर्ती छात्राएँ थीं। लेकिन हीरालाल हमेशा इस बात का ध्यान रखता था कि उसके आवास पर दो से अधिक महिलाएँ एकसाथ नहीं रुकें, क्योंकि इससे उसके दार्शनिक चित्त-स्थिरता में बाधा पहुँचती थी और इस कारण

उसकी साधना का परिणाम सन्तोषप्रद नहीं होता था। उसका नौकर छबीला, जो पन्द्रह वर्ष का होते हुए भी अपने काम में पारंगत था, उसकी हर आवश्यकता का अनुमान पहले ही कर लेता था और ऐसी व्यवस्था करता था कि उसे कोई शिकायत नहीं हो।

हीरालाल ने तरह-तरह की मिठाइयों, नमकीनों और मीठे पेय से मीरा महाजन और अनुराधा का स्वागत किया और फिर अनुराधा से बोला, "प्यारी अनु, तुम मेरे निवास पर पहली बार आई हो, इस कारण मैं तुमसे निवेदन करूँगा कि तुम मीरा के साथ दिन का खाना यहाँ पर ही खाओ। मैं भी तुम्हारी तरह सरस्वती का उपासक हूँ, लक्ष्मी का नहीं, लेकिन मैं उनकी मूर्तियों को नहीं पूजता। रात का खाना, आप लोग चाहे जहाँ खाएँ, मैं उसके सम्बन्ध में अभी कुछ नहीं कहूँगा।"

अनुराधा असमंजस में थी, इस कारण उसने मीरा की तरफ देखा। मीरा ने अनुराधा की तरफ से हीरालाल के प्रश्न का उत्तर दिया, "साथी हीरालालजी, हम आपका प्रस्ताव सहर्ष स्वीकार करते हैं। हम आपसे बहुत कुछ सीखना चाहते हैं। हम ऐसा कोई काम नहीं करेंगे जिससे आपके मन में हमारे प्रति गाँठ पड़ जाए।"

हीरालाल ने छबीला से, जो उसके आदेश की प्रतीक्षा कर रहा था, आँखों से इशारा किया और छबीला समुचित व्यवस्था करने तत्क्षण चला गया।

कुछ मिनटों के बाद हीरालाल दार्शनिक मुद्रा अपनाते हुए गम्भीर आवाज में बोला, "प्यारी मीरा, तुमने मन में गाँठ पड़ने की बात कही। गाँठ उस मन में पड़ती है जिसमें रस्सी होती है। जिस मन में मिट्टी होती है और वह भी उर्वरा मिट्टी, उसमें फूल-फल और अन्न के पौधे और वृक्ष उगते हैं। जो लोग वामदर्शन में दीक्षित होते हैं, उनके मन में गाँठ पड़ ही नहीं सकती क्योंकि उनके मन की रस्सी उर्वरा मिट्टी में बदल जाती है।"

मीरा महाजन ने गम्भीरता से पूछा, "ऐसा कैसे होता है, साथी? क्या वामदर्शन में ऐसा रासायनिक तत्त्व है जो विजातीय पदार्थों को गलाकर उन्हें उर्वरा मिट्टी में बदल देता है? बात यह है कि आप कभी-कभी ऐसी गम्भीर बातें कह देते हैं कि मस्तिष्क चकराने लगता है और आपकी बातें उसमें प्रवेश करने के बदले उससे टकराकर बाहर चक्कर काटने लगती हैं। इसी कारण स्पष्टीकरण के लिए आपसे निवेदन करना पड़ता है।"

हीरालाल मीरा महाजन की बातों का उद्देश्य भलीभाँति समझ रहा था। वह जानता था कि वह अनुराधा के पैरों में भी ऐसी रस्सी बाँधना चाहती है जो उसे स्वतन्त्रता से वंचित करके भी उसे प्रिय लगे। हीरालाल अपने चोंचलों से औरतों को जाल में फँसाकर उनका शोषण करने में अभ्यस्त हो चुका था, और उसे इस

बात का अनुभव था कि जाल में फँसी औरतों में से अधिकांश, कुछ दिनों के बाद, अन्य औरतों को फँसाने के लिए स्वैच्छिक सहयोग करने में आनन्द का अनुभव करती हैं। उसने, अपनी स्वाभाविक गम्भीरता के साथ, हर शब्द पर जोर देते हुए कहा, "प्यारी मीरा, वामपन्थी दर्शन भी धर्म की तरह एक नशा है। लेकिन इसका प्रभाव धर्म के नशे से दूरगामी है। धर्म का नशा मनुष्य को आत्मकेन्द्रित करता है और उसकी दुर्वृत्तियों को खाद देता है। इससे वे लहलहा उठती हैं और थोड़े ही दिनों में ऐसे विष-वृक्ष का रूप ले लेती हैं जो मनुष्य के व्यक्तित्व को विषकन्या की देह की तरह विषकुंड बना देता है। वामपन्थी दर्शन मनुष्य की सद्वृत्तियों को खाद देता है और उसके चरित्र को एक नंए रूप में ढालता है और इस तरह नए मानव़ के निर्माण में अहम भूमिका अदा करता है। प्यारी मीरा, तुम्हारा कथन बहुत हद तक सही है कि वामपन्थी दर्शन एक ऐसा नशा है जिसमें व्यक्ति में गुणात्मक परिवर्तन करने की क्षमता है। वामपन्थी समाज-दर्शन के प्रचारक सिर्फ एक नई समाज-व्यवस्था के लिए नहीं, बल्कि एक नए मानव के निर्माण के लिए प्रयत्नशील हैं। नया मानव हर तरह की चारित्रिक विकृति से पूरी तरह मुक्त होगा।

अनुराधा इस दार्शनिक विवेचन से बहुत प्रभावित हुई। वह बचपन से ही भौतिक वस्तुओं की अपेक्षा दार्शनिक प्रश्नों को अधिक महत्त्व देती थी और इन प्रश्नों के उत्तर उसके लिए महत्तर उपलब्धि थे। देवल में आने के निर्णय के पीछे ज्ञान की पिपासा एक बहुत बड़ा कारण थी। उसके मस्तिष्क में जो प्रश्न उठे थे, उनके सही उत्तर सम्यक् ज्ञान से ही प्राप्त हो सकते थे। जिस व्यक्ति में ज्ञान और कर्म का आदर्श समन्वय था, उससे प्रभावित होना स्वाभाविक था। उस समय तक उसका किसी राजनीतिक दर्शन से लगाव नहीं था। लेकिन हीरालाल शास्त्री का व्यक्तित्व उस पर जादू करता जा रहा था क्योंकि उसमें न सिर्फ गहरा सैद्धान्तिक ज्ञान और विवेचन-शक्ति थी, बल्कि सिद्धान्तों के प्रति असाधारण समर्पण भी था।

मीरा महाजन उसकी मनोदशा का अनुमान एक सीमा तक कर सकती थी क्योंकि वह स्वयं, दो वर्ष पूर्व, उस मनोदशा से गुजर चुकी थी। वह उसकी परिणति भी जानती थी, जिस कारण वह खुश थी। हीरालाल के जाल में फँस जाने के बाद उसने परिस्थिति से समझौता कर लिया था, और फिर वह उसमें आनन्द लेने लगी थी। कुछ समय बाद उसे अपनी स्थिति से ऐसा प्रेम हुआ कि वह समदर्शी विश्वविद्यालय की अधिकाधिक छात्राओं को हीरालाल के समीप लाने के अभियान में जुट गई। यह जैसे उसका पवित्र कर्तव्य हो गया, और वह इसके निर्वहन में पूरी तत्परता और लगन से काम करने लगी।

हीरालाल के लम्बे सैद्धान्तिक विवेचन के बाद मीरा महाजन ने आवाज में उचित गम्भीरता का समावेश करते हुए कहा, "साथी हीरालालजी, आपकी बातों से मेरा मन दिग्भ्रमित हो रहा है। मैं यह समझ पाने में असमर्थ हूँ कि किसी राजनीतिक दर्शन से मनुष्य का चरित्र कैसे बदल सकता है। कोई राजनीतिक दर्शन समाज की संरचना को भले बदल दे, व्यक्ति की चारित्रिक संरचना को कैसे परिवर्तित कर सकता है? मनुष्य के चरित्र का निर्माण उसके शरीर में स्थित जीन्स से होता है, किसी सामाजिक या राजनीतिक व्यवस्था से उसका क्या सम्बन्ध?"

हीरालाल ने किसी भविष्यद्रष्टा की तरह गम्भीर आवाज में कहा, "प्यारी मीरा, वामपन्थी दर्शन की यही विशेषता है। वामपन्थी दर्शन मस्तिष्क से अधिक हृदय को प्रभावित करता है और उसमें यह एक विशेष प्रकार का द्रव पैदा करता है। इस द्रव का प्रभाव सीधा रक्त पर पड़ता है और यह मनुष्य की शारीरिक और चारित्रिक संरचना में मौलिक परिवर्तन करता है। वामपन्थी दर्शन पूरी तरह से वैज्ञानिक है और मानव-जीवन पर इसका प्रभाव विज्ञान के नियमों से समझा जाता है। यह इतना सशक्त है कि इसका प्रभाव मस्तिष्क और हृदय के साथ पूरे शरीर पर पड़ता है और उसे एक नया रूप दे देता है। प्यारी मीरा, वामपन्थी दर्शन के सिवा अन्य कोई ऐसा दर्शन नहीं जिसने एक नए समाज के साथ-साथ एक नए मानव के निर्माण की परिकल्पना की हो। इस दर्शन को मूर्त रूप देने के लिए जो लोग काम करते हैं, वे धन्य हैं।"

हीरालाल की आवाज इस तरह सधी हुई थी कि अनुराधा पर उसका प्रभाव मन्त्र की तरह पड़ रहा था। उसकी आवाज उसे एक ऐसे लोक में ले जा रही थी जहाँ प्रत्येक वस्तु कटुता की पहुँच के ऊपर थी। अनुराधा ने अपने परिवार में इतनी कटुता देखी थी कि उससे मुक्त होने की अनुभूति एक बड़ी उपलब्धि थी और इस अनुभूति के जनक के प्रति अनजाने ही आभार के बोझ से दबी जा रही थी। मीरा महाजन हीरालाल से एक के बाद एक गूढ़ प्रश्न करती रही, हीरालाल इन प्रश्नों के उत्तर दार्शनिक गम्भीरता से देता रहा और हीरालाल की विद्वत्ता का नशा उसे अधिकाधिक अभिभूत करता गया।

दो घंटों तक मीरा महाजन ने एक से एक गूढ़ प्रश्न किए और हीरालाल ने उन प्रश्नों के उत्तर अपनी स्वाभाविक गम्भीरता से दिए। इस बीच अनुराधा एक अलग दुनिया में खोई रही जो हीरालाल की उपस्थिति और आवाज से सृजित हुई थी।

हीरालाल ने अचानक घड़ी पर नजर दौड़ाई और बोला, "दो बज गए। भोजन का समय बीतता जा रहा है। छबीला को व्यवस्था करने के लिए कहा था, लेकिन वह क्या करेगा भला? हम अकबर होटल में चलें। वहाँ खाने का स्टैंडर्ड ठीक है। अच्छा खाना देह और दिमाग दोनों की सेहत के लिए जरूरी है।"

मीरा महाजन इस आमन्त्रण की प्रतीक्षा कर रही थी। वह तत्क्षण उठ खड़ी हुई और बोली, "हाँ, समय पर अच्छा खाना सेहत के लिए जरूरी है।"

फिर उसने अनुराधा की तरफ देखते हुए कृत्रिम आश्चर्य से कहा, "लगता है कि अनु इस दुनिया में है ही नहीं। भई, जगो भी। साथी हीरालालजी अकबर होटल में खाना खाने के लिए निमन्त्रण दे रहे हैं। अकबर होटल साधारण होटल नहीं, पाँचसितारा होटल है। वहाँ साधारण लोगों की पहुँच असाधारण लोगों की कृपा से ही हो सकती है। इस मौके को खोने में कोई बुद्धिमानी नहीं।"

अकबर होटल में वे एक प्राइवेट डाइनिंग रूम में बैठे। कमरे की सजावट ऐसी थी कि लगता था, सुहागरात मनाने के पूर्वाभ्यास के लिए हो। किसी कोने में सुमधुर संगीत बज रहा था और वातावरण उसके नशे में डूबा हुआ था। अनुराधा ऐसे स्थान में पहले कभी नहीं गई थी और स्वभावतः उसे ऐसा लगा कि उसके सामने ऐसे प्रेम का दरवाजा खुलने जा रहा है जिसके बारे में उसने सिर्फ कल्पना की थी। अब तक उसने किसी पुरुष के प्रति आकर्षण और प्रेम का अनुभव नहीं किया था, इस कारण जब प्रेम और आकर्षण उसके जीवन में आया तो वह सागर के ज्वार की तरह बलशाली था और उसके सारे विरोधों को दूर ढकेल दिया। भोजन में शराब की भी व्यवस्था थी और उसने शराब पीने में हीरालाल शास्त्री और मीरा महाजन का न सिर्फ साथ दिया बल्कि इतना अधिक पीया कि खाना खत्म होते-होते लड़खड़ाने लगी। वस्तुतः हीरालाल ने उसके गिलास में नींद की गोली डाल दी थी और एक घंटा बीतते-बीतते वह अपना प्रभाव दिखलाने लगी थी।

हीरालाल शास्त्री और मीरा महाजन ने उसे सहारा देकर गाड़ी में बैठाया और वे उसे हीरालाल शास्त्री के मकान पर ले गए। उसे नींद की अवस्था में छात्रावास में ले जाना उचित नहीं था, अतएव उसे हीरालाल शास्त्री के शयनकक्ष में सुला दिया गया। दोनों ने मिलकर उसके कपड़े ढीले किए ताकि वह उचित विश्राम पा सके और मीरा महाजन उसकी नींद टूटने तक इन्तजार करने के लिए दूसरे कमरे में चली गई। हीरालाल शयनकक्ष में ही रुक गया।

आधा घंटे के अन्दर ही अनुराधा की नींद खुल गई, लेकिन उसने सोने का बहाना किया और जो हो रहा था, उसे बिना प्रतिवाद के होने दिया। उसके लिए यह एक नया अनुभव था और उसमें उसे ऐसा सुख मिल रहा था जैसा सुख उसने पहले कभी नहीं जाना था। उस समय उसके मन में उचित या अनुचित, नैतिक या अनैतिक व्यवहार का कोई विचार नहीं था, बल्कि उस पुरुष के प्रति असीम आभार की भावना थी जिसने उसके लिए इस नए अनुभव का द्वार खोल दिया था। यह आभार अन्य कुछ नहीं बल्कि प्रेम था, जिसने उसे, अनजाने ही,

हीरालाल के साथ एक मजबूत सूत्र में बाँध दिया था। उसे आश्चर्य हुआ कि उसने इस अफीम के अस्तित्व की, जिसने उसे एक ऐसे मीठे नशे में डाल दिया था, कल्पना भी नहीं की थी।

[17]

प्रेम की अफीम खाने के बाद अनुराधा को ऐसा नशा हुआ जिससे हर वस्तु पर गुलाबी रंग चढ़ गया। वह अपने भीतर एक नए उत्साह और शक्ति का अनुभव करने लगी। उसे ऐसा लगने लगा कि वह आसमान को बाँहों में बाँध लेने में समर्थ है और तारों के मोती अपने केश में लगा सकती है। उसकी आँखों में चमक, चेहरे पर लाली और चाल में फुर्ती आ गई। उसने यह भी गौर किया कि उसके परिचय की सारी लड़कियों की आँखों में चमक और चाल में फुर्ती आ गई है, मानो उसकी खुशी उन तक संवाहित हो गई हो।

समदर्शी विश्वविद्यालय का अहाता किसी जंगल की तरह था। वह वृक्षों और झाड़ियों से भरा हजार एकड़ से अधिक का भूखंड था, जो जेल की तरह ऊँची चहारदीवारी से घिरा था। इसमें दूर-दूर पर बने इक्के-दुक्के भवन थे और इन भवनों को एक-दूसरे से जोड़नेवाली सड़कों के अलावा पतली पगडंडियाँ थीं जो झाड़ियों और झुरमुटों में लुप्त हो जाती थीं। शरद में पुष्पित होनेवाले सैकड़ों वृक्ष थे जो गुलाबी, लाल और पीले फूलों से लदे थे। दर्जनों लता-कुंज थे जिनके अन्दर बैठनेवाले बाहर की दुनिया से अलग हो जाते थे।

अनुराधा की नजर इन फूलों और कुंजों पर जैसे पहली बार पड़ी और उसका हृदय कुछ अज्ञात इच्छाओं से ऐंठ गया। इस दर्द के पीछे रस के सागर में डूबने की इच्छा के साथ-साथ खोए अवसर के लिए पश्चात्ताप भी था। वह इन पगडंडियों पर निकल जाती और कहीं एकान्त में बैठकर अपने अन्दर उठ रहे बवंडर को शान्त करने की कोशिश करती। लेकिन झुरमुटों के नीचे उसके मन का बवंडर अधिक शक्तिशाली हो जाता और आह्लाद और आशंका का झंझावात उसके हृदय को झकझोर देता।

'गीतांजलि' के अहाते में भी आधे दर्जन पेड़ ऐसे थे जो शरद के फूलों से लद जाते थे, जिससे पूरा वातावरण सुगन्धित हो जाता था। लेकिन इस रंग और गन्ध से उसमें सिर्फ एक सतही गुदगुदी होती थी। समदर्शी विश्वविद्यालय के जंगल की तरह फैले अहाते में फूलों से लदे वृक्ष उसके नशे को अधिक गहरा कर देते थे और यद्यपि मन के बवंडर की तीव्रता बढ़ जाती थी, सागर की गहराई में पड़े हिमखंड की तरह वह दृष्टिगोचर नहीं होता था।

हीरालाल शास्त्री से निकटता का एक परिणाम यह हुआ कि उसकी अन्तर्मुखी वृत्ति का ह्रास हुआ, वह दूसरों के जीवन में रुचि लेने लगी और सामाजिक और राजनीतिक आन्दोलन से सम्पर्क रखने लगी। उसने देखा कि विश्वविद्यालय की अधिकांश छात्राओं के पुरुष मित्र हैं, चाहे वे उनके सहपाठी विद्यार्थी ही क्यों न हों, और जिनके नहीं हैं उनमें जीवन के प्रति वह उत्साह नहीं है जो अन्य में है। इससे उसे किंचित आश्चर्य हुआ और अपराधबोध के साथ उसने यह महसूस किया कि उसके मन में अपने पिता के विवाहेतर सम्बन्धों के प्रति वह कटुता नहीं है जो पहले थी। अपनी बहन चित्रा के प्रति भी, जिसने अपनी मूर्खता के कारण अपने वैवाहिक जीवन को नष्ट कर दिया था, क्रोध के बदले सहानुभूति थी। उसके मन में नैतिकता का प्रश्न भी गर्म हवा के झोंके की तरह आया, लेकिन वह दूसरे क्षण ही अपनी उष्णता खो बैठा और उस सुगन्धित, शीतल वायु में विलीन हो गया जो उसके अन्दर बह रही थी। उचित और अनुचित के विचार ने, जो सामान्य मनोदशा में उसे परेशान करता था, उसने पास फटकने से इनकार कर दिया। वह सारे ऊहापोह के बावजूद, अपने अन्दर एक ऐसी शक्ति का अनुभव करती थी जो परम्परा और सामाजिक मर्यादा के खयाल से जनित उचित-अनुचित के विचार से, और परिचितों-अपरिचितों की आलोचना के भय से ऊपर उठ गई थी। उसे ले जाने के लिए हीरालाल शास्त्री की गाड़ी छात्रावास के प्रधान दरवाजे पर लग जाती और इस बात की परवाह किए बिना कि उसकी परिचित लड़कियाँ और अन्य लोग क्या सोचते हैं, वह अविलम्ब गाड़ी में बैठ जाती। उसे आग के उस दरिया में डुबकी लगाने की जल्दी होती, जिसने उसे अतीत और वर्तमान दोनों से ऊपर उठा दिया था और जिसने उसके लिए एक इन्द्रधनुषी दुनिया के द्वार खोल दिए थे।

अनुराधा के अन्दर हुए इस परिवर्तन से सबसे अधिक प्रसन्नता, स्वयं अनुराधा के बाद, मीरा महाजन को हुई। उसने अपनी एक और परिचिता को उस चक्रव्यूह में ढकेल दिया था जिससे बाहर निकलता अत्यन्त कठिन था। वह जानती थी कि उस चक्रव्यूह में पड़नेवाली औरतों में शीघ्र ऐसे चारित्रिक परिवर्तन हो जाते हैं कि वे सामान्य पारिवारिक जिन्दगी के लायक नहीं रह जातीं और कुछ दिनों के बाद, सारी ऊब और थकान के बावजूद, उसमें से बाहर निकलना नहीं चाहतीं। चारित्रिक विस्खलन के कारण वे चक्रव्यूह के अन्दर की जिन्दगी को ही आदर्श समझने लगती थीं और उसी में सुख का अनुभव करती थीं। मीरा महाजन ने स्वयं अपने अन्दर इस परिवर्तन का अनुभव किया था, यद्यपि वह इसे चारित्रिक विकृति की अभिव्यक्ति मानती थी, वह इससे खुश थी और दूसरों को चक्रव्यूह की सँकरी गलियों में घूमने देने में उसे आनन्द मिलता था।

समदर्शी विश्वविद्यालय में अक्सर विभिन्न राजनीतिक दलों के नेता, विद्यार्थियों की सभाओं में, भाषण देने आया करते थे। विश्वविद्यालय में राजनीतिक विचारधाराओं का प्रचार शिक्षा का एक अंग माना जाता था, और इन सभाओं में भाग लेने के लिए विद्यार्थियों को प्रोत्साहित किया जाता था। सुदेश की राजनीति में उथल-पुथल मची हुई थी और युवा वर्ग किसी ऐसे राजनीतिक दर्शन की तलाश में था जो समाज की समस्याओं के समाधान में मदद कर सके और देश की प्रगति और समृद्धि में मार्गदर्शन कर सके। लेकिन विकल्प इतने अधिक थे कि मन एक स्थान पर टिकता नहीं था और व्यक्तिगत सम्बन्ध भी वैचारिक झुकाव को प्रभावित करते थे। अनुराधा भी अनिश्चय की स्थिति में थी और किसी ऐसे मार्ग का चुनाव करने की कोशिश कर रही थी जो उसे उन आदर्शों की तरफ ले जाए जिनके सपने वह वर्षों से देखती आ रही थी।

सुदेश की प्रधानमन्त्री सुदीर्घनासा की हत्या ने, जो हीरालाल से उसकी अन्तरंगता के थोड़े दिन ही बाद हुई थी, उसे भी समदर्शी विश्वविद्यालय के अन्य छात्रों की तरह, झकझोर दिया। हीरालाल सुदीर्घनासा का प्रबल समर्थक था और द्वन्द्वात्मक भौतिकवाद द्वारा प्रतिपादित तर्क-पद्धति से यह अकाट्य रूप से प्रमाणित करता था कि सुदीर्घनासा का शासन चिरस्थायी है। सुदीर्घनासा में बड़े-बड़े निर्णय लेने की क्षमता थी।

अनुराधा को हीरालाल की बहुत-सी बातें परस्पर विरोधी लगती थीं, लेकिन हीरालाल के प्रति उसके मन में जो आकर्षण पैदा हुआ था, उसके नीचे मस्तिष्क की आवाज दब जाती थी।

राजनीतिशास्त्र की छात्रा होने के कारण और विश्वविद्यालय में व्याप्त राजनीतिक वातावरण के कारण, अनुराधा की राजनीतिक दिलचस्पी बहुत बढ़ गई और वह देश की समस्याओं पर अपने ढंग से विचार करने लगी। उसने देखा कि सभी राजनीतिक दल साम्प्रदायिकता और जातीयता का उन्मूलन करने की बात तो करते हैं, लेकिन वे अमल नहीं करते।

सम्प्रदाय और जाति के आधार पर आबादी के एक बड़े हिस्से के लिए देश की संसद और प्रान्तों की विधानसभाओं में, सरकारी और अर्द्धसरकारी नौकरियों में, शिक्षण संस्थाओं और प्रतिष्ठानों में, एक निश्चित प्रतिशत स्थान कुछ सम्प्रदायों और जातियों के लिए आरक्षित थे और कतिपय राजनीतिक दल ऐसे थे जो अलग-अलग सम्प्रदायों और जातियों के लोगों की गणना कराकर उसी आधार पर आरक्षित स्थानों का प्रतिशत निश्चित करना चाहते थे। देश के संविधान में कुछ सम्प्रदायों को अपने लिए ऐसे अलग कानून बनाने और ऐसी अलग शिक्षा-संस्थाएँ खोलने का अधिकार दिया गया था जो उनकी साम्प्रदायिक और जातीय पृथकता

को स्थायित्व प्रदान करते थे। पृथक् कानून और पृथक् शिक्षा-संस्थानों के कारण इन सम्प्रदायों के माननेवालों में अन्य सम्प्रदायवालों से पृथकता की भावना जगती थी और सुदेश में आन्तरिक कलह और विद्वेष की आग को हवा मिलती थी, लेकिन अनेक राजनीतिक दल इस स्थिति से लाभान्वित होते थे और कलह और विध्वंस की आग में रोटी सेंकते थे। अनुराधा को आश्चर्य होता था कि ऐसा क्यों है? क्या आदमी अपने स्वार्थों के कारण इतना गिर सकता है कि उसके लिए समाज और देश का जलकर खाक होना भी कोई मायने नहीं रखता? लेकिन दूसरे क्षण उसके मन में प्रश्न उठता—क्या उसके सोचने का ढंग ही गलत है?

अनुराधा को इस बात से आश्चर्य होता था कि हीरालाल शास्त्री सुदीर्घनासा के शासन को विवेक की किसी अलग दृष्टि से देखकर प्रशंसनीय बताता था। वामपन्थी राजनीति-दर्शन के तर्क सामान्य जीवन के तर्कों से भिन्न क्यों होते हैं? क्या द्वन्द्वात्मक भौतिकवाद किसी ऐसे अन्धेपन का जनक है जिससे व्यक्ति अनाचार और अत्याचार को देखने में समर्थ हो जाता है?

समदर्शी विश्वविद्यालय में बहनेवाली राजनीतिक हवा के प्रभाव में अनुराधा ने विभिन्न राजनीतिक दलों के सिद्धान्तों पर विचार किया और ऐसे सिद्धान्तों को पहचानने की कोशिश की जो देश की असंख्य सामाजिक समस्याओं के समाधान के लिए कोई मान्य दिशा दे सकें।

विश्वविद्यालय परिसर में होनेवाली सभाओं में भाग लेने के लिए विभिन्न राजनीतिक दलों के जो नेता आते थे, वे साम्प्रदायिकता और जातीयता से ऊपर उठकर समाज और देश के हित में कार्य करने का उपदेश देते थे, लेकिन साथ-साथ सम्प्रदाय और जाति के आधार पर किए गए संवैधानिक और कानूनी आरक्षणों का समर्थन भी करते थे, जिससे सम्प्रदाय और जाति के आधार पर समाज का विभाजन अधिक रूढ़ और कठोर हो जाता था, और विभिन्न सम्प्रदायों और जातियों की दूरी इस तरह बढ़ती जाती थी कि वे कुछ दिनों में ऐसे द्वीपों की तरह हो जाते थे जिनमें से हरेक का स्वार्थ शेष सभी का नुकसान करने से ही सधता था। अनुराधा को ये नीतियाँ गलत लगती थीं। लेकिन हीरालाल से लगाव के कारण उसके अन्दर अनिश्चय की स्थिति पैदा हो जाती थी, फिर गलत और सही का निर्णय करना उसके लिए कठिन हो जाता था।

[18]

सुदीर्घनासा प्रियहासिनी की विशेषता यह थी कि वह दुश्मनों का, जो देश के भीतर और बाहर दोनों स्थानों पर सक्रिय थे, पता अपनी प्रबल घ्राणशक्ति से

लगा लेती थी। वह उनके विरुद्ध अपने अभियान में कभी भी ढिलाई नहीं करती थी।

वह 'गरीबी भगाओ' के नारे को हर घंटे अपनी तीखी आवाज में दुहराती थी, जो देश के कोने-कोने में लगे अगणित ध्वनि-विस्तारकों से लाख गुना तीखी हो जाती थी, जिस कारण बहुत कम लोग ही अपना मानसिक सन्तुलन कायम रख पाते थे।

अपराधकर्मियों ने पूरे देश में ऐसा जाल बिछा रखा था कि सारे ऐसे धन्धे, जिससे उत्पादन होता था और देश की सम्पत्ति में वृद्धि होती थी, बन्द होते जा रहे थे, अपराधकर्म ही ऐसा एकमात्र धन्धा था जो सम्माननीय था और जिसमें अत्यधिक लाभ की गारंटी थी। ऐसी स्थिति में हीरालाल द्वारा सुदीर्घनासा की नीतियों और कार्यशैली की प्रशंसा अनुराधा की समझ के बाहर की बात थी, लेकिन उसके अन्दर उसके लिए जो कमजोरी हो गई थी, उसके कारण उसके मन में परस्पर-विरोधी विचार उठते थे और वह अपने-आपको यह विश्वास दिलाने की कोशिश करती थी कि वह स्वयं भ्रम में है और हीरालाल जो कहता है, वह सही है।

इस बीच एक दिन छात्रावास के मेस के रेडियो से उसे खबर मिली कि भिन्न सम्प्रदायवाले एक व्यक्ति ने सुदीर्घनासा की हत्या कर दी। इस खबर से सभी स्तम्भित हो गए। सुदीर्घनासा का व्यक्तित्व ऐसा था कि सभी उसके आतंक से सहमे हुए थे, और कोई इस बात की कल्पना भी नहीं कर सकता था कि उसका अन्त ऐसा होगा।

वस्तुतः ऐसा हुआ। सुदीर्घनासा के अनुयायियों ने अपनी संरक्षिका की हत्या के प्रतिशोध में हत्या के लिए दोषी व्यक्ति के सम्प्रदाय के लोगों का मूलोच्छेद करने का आह्वान किया और सुदेश के हजारों नगरों और गाँवों में, जहाँ उस सम्प्रदाय के लोग बसे हुए थे, हत्या, बलात्कार और अग्निदहन का तांडव नृत्य शुरू हुआ। इस नृत्य का सबसे अधिक डरावना रूप देवल में देखा गया।

यद्यपि समदर्शी विश्वविद्यालय के परिसर में कोई उत्पात नहीं था, देवल में और अन्य नगरों, कस्बों और गाँवों में होनेवाले उत्पात की गूँज वातावरण को अशान्त किए हुए थी और भय और आशंका ने अस्तित्व की रक्षा को तलवार की धार पर चलने की तरह कठिन बना दिया था। दहशत का प्रेत न सिर्फ रात के अँधेरे में बल्कि दिन के प्रकाश में भी चर्बी की मशाल जलाए फिरता था और सभी इस तरह सिमटे हुए थे मानो वे अपना अस्तित्व छिपाने की कोशिश कर रहे हों।

अनुराधा को यह देखकर आश्चर्य हुआ कि हीरालाल शास्त्री और अन्य वामपन्थी नेता इस स्थिति से बहुत खुश हैं और हिंसा की आग को हवा दे रहे हैं जैसे इस विध्वंस में नवजीवन के बीज देख रहे हों। हिंसा के तांडव नृत्य के इस कालखंड में हीरालाल के लिए कहीं कोई असुरक्षा नहीं थी जैसे—बलात्कार, हत्या, लूट और आगजनी में संलग्न अपराधकर्मियों की सेनाओं और उनसे सहयोग करनेवाली पुलिस से उसकी साँठ-गाँठ हो और उसकी गाड़ी देवल की सड़कों पर बेरोकटोक दौड़ती थी। अनुराधा को इससे मानसिक क्लेश अवश्य होता था, लेकिन वह मस्तिष्क में उठनेवाले अनेक प्रश्नों को दबाती हुई उस नशे में खो जाने का प्रयत्न करती।

अनुराधा पर प्रेम का नशा इस तरह छाया हुआ था कि वह हीरालाल की बात को समझते हुए भी नहीं समझ पा रही थी। उसके लिए यह पचा पाना कठिन था कि हीरालाल की बातों से स्वार्थपरता और नीचता की जो ध्वनि आ रही थी, वह उसके भ्रम की उपज नहीं थी। वह उसे उदारता और भद्रता की प्रतिमूर्ति समझती थी और यदि उसे उसमें कभी कोई कमी दिखाई पड़ती थी तो वह उसे अपना दृष्टिदोष मानती थी। वह कोशिश करती थी कि हर वस्तु को हीरालाल के दृष्टिकोण से देखे यद्यपि इसके लिए समुचित मनोदशा तैयार करने में स्वयं को असमर्थ पाती थी।

एक दिन उसने हीरालाल से पूछा, "प्रिय, सुदीर्घनासा की हत्या के अपराध में निर्दोष व्यक्तियों की हत्या क्यों की जा रही है? सुदीर्घनासा को दो-चार व्यक्तियों ने ही मारा होगा, इस हत्या में हजारों लोगों का हाथ कैसे हो सकता है? क्या यह उचित है कि निरपराध लोगों का खून किया जाए?"

हीरालाल ने समझाया, "प्यारी अनु, तुम्हारे मन में ये प्रश्न इस कारण उठ रहे हैं क्योंकि तुमने द्वन्द्वात्मक भौतिकवाद को आत्मसात् नहीं किया है। द्वन्द्वात्मक भौतिकवाद का दर्शन यह निर्विवाद रूप से प्रमाणित करता है कि क्रान्ति के बिना समाज की प्रगति नहीं हो सकती और क्रान्ति के लिए हत्याओं का होना और लहू का बहना उतना ही जरूरी है जितना आग के लिए ईंधन का जलना। मेरी प्यारी मैना, ज़रा सोचो तो, क्या ईंधन के बिना आग जल सकती है? नहीं न? ठीक उसी तरह बिना हत्या और रक्तपात के न क्रान्ति हो सकती है और न समाज का विकास हो सकता है। रक्तपात जितना अधिक होगा, समाज का विकास भी उतना ही तीव्र होगा। वामपन्थी समाज-दर्शन समाज में हर तरह के उत्पात को समर्थन देता है ताकि शान्ति हो और समाज की प्रगति अबाध रूप से होती रहे।"

अनुराधा ने पूछा, "प्रिय, क्या आपके कथन में विरोधाभास नहीं है? उत्पात को प्रोत्साहन देने से शान्ति कैसे हो सकती है? आग लगने से घर जलेगा, बनेगा नहीं। फिर आग को क्यों प्रोत्साहन दिया जाए?"

हीरालाल ने उत्तर दिया, "मेरी प्यारी कबूतरी, वामपन्थी समाज-दर्शन की यही विशेषता है कि उसकी गहराइयों में समांए बिना कोई उसकी विलक्षणताओं पर विश्वास नहीं करता। द्वन्द्वात्मक भौतिकवाद के तर्कों को समझने के लिए आदमी को गणितशास्त्र से लेकर अगणितशास्त्र तक का ज्ञाता होना पड़ता है। एक छोटी-सी बात लो। आसमान से पानी कब बरसता है? जब बादलों में उत्पात होता है। ऐसा होता है या नहीं? यह द्वन्द्वात्मक भौतिकवाद का एक अच्छा उदाहरण है।"

अनुराधा को आश्चर्य हुआ कि एक गम्भीर विचारक होने के बावजूद हीरालाल शास्त्री ऐसी बातें करता है, जैसी सामान्य ज्ञानवाला कोई भी आदमी नहीं करेगा। क्या द्वन्द्वात्मक भौतिकवाद की काई उसके मस्तिष्क पर इस तरह छा गई है कि उसकी सामान्य ढंग से सोचने की शक्ति का गला घुट गया है? क्या यह स्वाँग का मुखौटा है जिसके पीछे एक क्रूर और भयानक चेहरा छिपा है? क्या वह विवेकरहित विश्वास का परिणाम है कि सोचने और समझने की सामान्य शक्ति लुप्त हो गई है? या क्या उसकी अपनी विचार-शक्ति में घुन लग गया है कि वह हीरालाल की बातों में प्रतिशोध, क्रूरता, स्वार्थ और प्रवंचना की छाया देख़ रही है? उसका मन खिन्नता और कटुता से भर गया, यद्यपि प्रेम के नशे में उनका स्वाद बहुत अप्रिय नहीं लगा।

[19]

सुदीर्घनासा की हत्या के बाद सुदेश के जीवन में उथल-पुथल आ गई, जिसकी प्रतिध्वनि से अनुराधा का जीवन भी अशान्त हो गया। प्रतिशोध की जो लहर चारों तरफ उठ रही थी, उसकी ऊष्मा से बचने के लिए उसने हीरालाल शास्त्री के लिए प्रेम के नशे को अधिक प्रगाढ़ करने की कोशिश की। वह जानती थी कि हीरालाल से उसका सम्बन्ध अनैतिक है–उसके मानस में पारिवारिक संस्कार इतना क्रियाशील था कि उसके व्यक्तित्व के निर्माण में उसकी निर्णायक भूमिका रही थी, लेकिन अपराध-भावना से मुक्ति का एक ही मार्ग था, प्रेम और वासना के अन्तर को इस तरह कम कर देना कि वे एकरूप हो जाएँ। हीरालाल के राजनीतिक दर्शन के सिद्धान्त उसे अविश्सनीय लगते थे, लेकिन वह उन्हें बिना

किसी तर्क के स्वीकार करने की कोशिश करती थी—ठीक उसी तरह, जिस तरह कोई कड़वी दवा की खुराक को पीता है।

इस बीच मीरा महाजन, हीरालाल शास्त्री और उसके मित्रों के सहयोग से देवल के एक कॉलेज में व्याख्याता बन गई थी, और एक फ्लैट खरीदकर उसमें चली गई थी। उसने एक कार भी खरीद ली थी, जिससे अनुराधा से मिलने वह हर हफ्ते पद्मावती छात्रावास में जाती थी। वह वामपन्थी समाज-दर्शन से इतना प्रभावित थी कि घंटों मानव-समाज के लिए उसकी उपयोगिता पर प्रकाश डालती और उस दर्शन से व्यक्ति और समष्टि के लिए होनेवाले लाभ का विशद विवेचन करती। वह स्वयं दर्शनशास्त्र की व्याख्याता थी और द्वन्द्वात्मक भौतिकवाद की व्याख्या में भारतीय दर्शन के द्वैतवाद और अद्वैतवाद का सफल उपयोग करती।

"प्यारी अनु, द्वन्द्वात्मक भौतिकवाद वस्तुतः द्वैतवाद का सफल विस्तार है। यह जगत अन्य कुछ नहीं, ब्रह्म की छायामात्र है।

"लेकिन मनुष्य छाया को ही वस्तु मान लेता है, जिस कारण उसके अन्तर में द्वन्द्व होता है। इस अन्तर्द्वन्द्व के छींटे जब भौतिक जगत पर पड़ते हैं तब द्वन्द्वात्मक भौतिकवाद अपने रचनात्मक रूप में प्रकट होता है। सत् और असत् में, नीति और अनीति में, राम और रावण में संघर्ष होता है और उससे समाज के विकास का मार्ग खुलता है। प्यारी अनु, समाज में विकास के लिए द्वन्द्व आवश्यक है। इस द्वन्द्व में जितना अधिक रक्तपात होगा, समाज का विकास भी उतनी ही तीव्र गति से होगा। हीरालालजी और अन्य वामपन्थी लोगों का द्वन्द्वात्मक भौतिकवाद का दर्शन वस्तुतः भारतीय दर्शन के द्वैतवाद से ही प्रेरणा ग्रहण करता है। द्वैत से अद्वैत का निस्सरण होता है और अद्वैत से द्वैत का। अद्वैत के लिए द्वैत का होना जितना अनिवार्य है, उतना ही द्वैत से होनेवाले संघर्ष का क्योंकि उस संघर्ष से अद्वैत के निस्सरण का मार्ग प्रशस्त होता है।"

अनुराधा मीरा महाजन की इन गूढ़ बातों को न समझ पाती थी और न इन्हें समझने की आवश्यकता समझती थी। लेकिन वामपन्थी समाज-दर्शन के समर्थकों द्वारा हिंसा के प्रोत्साहन को वह स्वीकार नहीं कर पाती थी और न उनके द्वारा ली गई रिश्वत के उचित होने की बात वह पचा पाती थी।

हीरालाल अपने दल की इस विलक्षणता का बयान इस तरह करता था मानो यह बहुत बड़ी उपलब्धि हो। जब उसने इसकी चर्चा मीरा महाजन से की तो वह बोली, "प्यारी अनु, द्वन्द्वात्मक भौतिकवाद के लिए काम करनेवाली शक्तियों को चाहिए कि चाहे जिस तरह सम्भव हो, वे स्वयं को शक्तिशाली बनाएँ। इसके

लिए उन्हें जो भी करना पड़े, वह उचित है। प्यारी अनु, क्या हमारे धर्मशास्त्रों में नहीं कहा गया है कि अपने कल्याण के लिए जो भी करना पड़े, वही धर्म है?''

अनुराधा ने पूछा, ''बहन, यदि कोई राजनीतिक दर्शन भ्रष्टाचार को सामाजिक और वैयक्तिक व्यवहार का एक अंग मान ले तो क्या इससे समाज में अनर्थ को प्रोत्साहन नहीं मिलेगा? क्या इससे सभी परिश्रम से विमुख नहीं होंगे और समाज की प्रगति रुक नहीं जाएगी?''

मीरा महाजन ने उत्तर दिया, ''प्यारी अनु, तुम पुराने और वृद्ध विचारों से प्रभावित हो, जिनका आज के प्रगतिशील जीवन में कोई स्थान नहीं। वस्तुतः व्यक्ति और समष्टि के बीच कोई द्वन्द्व नहीं, द्वन्द्व समष्टि के अन्तर्गत ही है। इस कारण द्वन्द्वात्मक भौतिकवाद समष्टि में ही क्रियाशील होता है। व्यक्ति और समष्टि अन्ततोगत्वा एक हो जाते हैं, इस कारण यदि व्यक्ति अपने लाभ के लिए कुछ करता है तो वह वस्तुतः समष्टि को भी लाभ पहुँचाता है। वामपन्थी दर्शन व्यक्ति के उत्थान के साथ-साथ उसके नवीकरण के लिए भी प्रयत्नशील है, और अन्ततोगत्वा नए मनुष्य की सृष्टि में ही इसकी परिणति होती है। नया मनुष्य ऐसा होगा जो अपने हित के लिए कार्य करता हुआ भी समाज के हित में कार्य करेगा क्योंकि उसके व्यक्तिगत हित और समाज के हित में कोई अन्तर नहीं रहेगा।''

अनुराधा ने हँसकर कहा, ''बहन, आप जो कह रही हैं, वह मुझे विश्वसनीय नहीं लग रहा, लेकिन मैं बहस नहीं करूँगी। मैं सभी मानसिक उलझनों के बावजूद इन दिनों जितना सुखी हूँ, उतना सुखी कभी नहीं थी। मैं इस सुख से वंचित होना नहीं चाहती।''

मीरा महाजन ने, उसका आशय समझते हुए, कुछ धीमी आवाज में कहा, ''प्यारी अनु, मैं तुम्हें एक बात और बताना चाहती हूँ। विश्वास रखो कि द्वन्द्वात्मक भौतिकवाद में व्यक्ति और समष्टि का तुलनात्मक महत्त्व तुम्हारे पक्ष में भी ठीक उसी तरह होगा जिस तरह वह मेरे पक्ष में है। यह द्वन्द्वात्मक भौतिकवाद का ही प्रभाव है कि पढ़ाई समाप्त होते ही मुझे नौकरी मिल गई और उसके कुछ महीने बाद मैंने फ्लैट और गाड़ी खरीद ली। यदि तुम वामपन्थी समाज-दर्शन के योद्धाओं से घनिष्ठता का उचित उपयोग करो तो कोई कारण नहीं कि निकट भविष्य में तुम्हारे जीवन में भी ऐसी उपलब्धि आवे और तुम भी सभ्य समाज में उचित स्थान प्राप्त कर मेरे समान ही सम्मान का जीवन व्यतीत करो। हमें वामपन्थी दर्शन के प्रति अपने आकर्षण को कम नहीं होने देना है। इसके लिए हमें अपने व्यवहार में लचीलापन लाना होगा और उचित-अनुचित की पुरानी धारणाओं का परित्याग करना होगा।''

अनुराधा के मन में अनेक शंकाएँ उठीं, लेकिन उसने उन्हें अभिव्यक्त करने की आवश्यकता नहीं समझी।

[20]

वामपन्थी दल, हीरालाल शास्त्री जिसका एक मान्य नेता था, उभयपन्थी दल का सहयोगी था, और इस कारण उसे सभी सुविधाएँ मिली हुई थीं जो उभयपन्थी दल के बड़े नेताओं को प्राप्त थीं। वस्तुतः वामपन्थी दल की यह विशेषता थी कि वह हमेशा उन्हीं लोगों से सहयोग करता था जिनके हाथ में देश का शासन रहता था। जब सुदेश पर सात सागरों के पार से आए विदेशियों का शासन था, तब वामपन्थी दल ने उनका साथ दिया था और उनकी उदारता का भरपूर लाभ उठाया था। विदेशियों के पलायन के बाद जब सुदेश पर उभयपन्थी दल का शासन हुआ तो वामपन्थी दल ने उसका पल्लू पकड़ लिया, और द्वन्द्वात्मक दर्शन का उपयोग करते हुए अपने सहयोग का पूरा लाभ उठाता रहा। जब ड्रैगनदेश के शासकों ने सुदेश पर आक्रमण कर उसके एक बड़े भूभाग पर अधिकार कर लिया तो वामपन्थी दल के नेताओं ने अपने द्वन्द्वात्मक भौतिकवादी तर्कों से सिद्ध कर दिया कि हमला हुआ ही नहीं, अतएव किसी भूखंड पर अधिकार कर लेने का प्रश्न ही नहीं उठता।

हीरालाल शास्त्री को जो सरकारी बँगला मिला था, उसका नाम उसने 'नया समाज भवन' रखा था। वामपन्थी दल का राष्ट्रीय कार्यालय एक दूसरे, अधिक बड़े मकान में था, जिसे दल ने खरीद लिया था और जिसका नाम 'क्रान्ति भवन' रखा गया था। 'नया समाज भवन' दल की गतिविधियों का उपकेन्द्र था। इसमें पाँच बड़े-बड़े कमरे थे, जिनमें से एक ड्राइंगरूम का काम करता था, दूसरा हीरालाल का शयनकक्ष था और तीन कमरों में दल के नेता लोग टिकते थे। हीरालाल की पत्नी सुदूर स्थित कुसुमांचल प्रान्त के एक गाँव में रहती थी और देवल कभी-कभी ही आती थी, यद्यपि हीरालाल शास्त्री आठ वर्षों से सुदेश की संसद क़ा सदस्य था और इतने ही वर्षों से 'नया समाज भवन' में रह रहा था। इस समय बँगले के तीसरे कमरे में वामपन्थी दल के राष्ट्रीय स्तर के दो नेता—पन्नालाल पंडित और मोतीलाल गोस्वामी—रहते थे, चौथे में दो नेत्रियाँ—जमूनी देवी और फूलगेंदा सहाय—रहती थीं और पाँचवाँ कमरा अन्य क्रान्तिकारी उपयोगों में आता था।

'नया समाज भवन' का उपयोग मूल रूप से नए मानव के निर्माण के लिए होता था और इसके स्नातक और स्नातकोत्तर कक्षाओं में पढ़नेवाले युवक और युवतियाँ सर्वोत्तम पात्र थे। द्वन्द्वात्मक भौतिकवाद के सिद्धान्तों से, जिनके चक्रव्यूह

में प्रवेश करने के बाद बाहर निकलना कठिन था और उसके साथ दिए जानेवाले भौतिक उपहारों की प्रेरणा से, उन्हें जो नशा हो जाता था, इस कारण चक्रव्यूह में फँसे रहने पर भी आकाश की ऊँचाइयों में उड़ने का आनन्द आता था। हीरालाल और उसके वामपन्थी सहकर्मी युवकों से अधिक जोर युवतियों पर देते थे क्योंकि उनका विश्वास था कि मानव-जाति की मादा नर की अपेक्षा अधिक विवेकशील होती है और तर्कों और उपहारों से प्रभावित होने के लिए अधिक तत्पर रहती है।

हीरालाल शास्त्री, पन्नालाल पंडित, मोतीलाल गोस्वामी, जमूरी देवी और फूलगेंदा सहाय अपनी द्वन्द्वात्मक दक्षता का उपयोग पूरी तन्मयता से करते थे क्योंकि उनका विश्वास था कि निकट भविष्य में सारे विश्व में वामपन्थी क्रान्ति होगी और उससे एक ऐसे समाज की स्थापना होगी जिसमें व्यक्ति के व्यवहार पर किसी तरह का नैतिक बन्धन नहीं होगा और वह हर काम अपनी भलाई और अपने आनन्द के लिए करेगा। वे देवल और उसके निकटवर्ती नगरों के महाविद्यालयों के विद्यार्थियों से सम्पर्क बनाए रखते और उन्हें वाममार्ग में दीक्षित करने का भरपूर प्रयास करते, जिस कारण उनका अधिक समय सोद्देश्य यात्रा में बीतता था।

वे अपने साथ अक्सर ऐसे युवक और युवतियों के दलों को लाते थे जिनमें क्रान्तिकारी विचारों को ग्रहण करने का उत्साह कुछ दिनों के लिए स्थगित था और उन्हें 'नया समाज भवन' के पाँचवें कमरे में स्थापित कर वामपन्थी दर्शन के रहस्यों से उनका परिचय कराते थे। उनमें से कुछ वामपन्थी क्रान्ति दल के उत्साही कार्यकर्ता बन जाते थे और वर्षों इसी व्यवसाय में लगे रहते थे, अन्य सम्पत्ति और शक्ति का अर्जन कर समाज में प्रभावशाली स्थान प्राप्त करते थे।

[21]

अनुराधा अक्सर अपनी रातें 'नया समाज भवन' में बिताने लगी। जब हीरालाल देवल में रहता, उसकी गाड़ी शाम होते पद्मावती छात्रावास पहुँच जाती और वह उसमें बेहिचक बैठ जाती, जैसे इसमें कोई अनुचित बात नहीं हो।

प्रारम्भ में कुछ दिनों तक एक हिचक होती थी और यह विचार सताता था कि लोग उसे हीरालाल की रखैल समझते होंगे, लेकिन थोड़े ही दिनों में उसकी हिचक नए सम्बन्धों की आँधी में उड़ गई और दूसरों की भावनाओं के प्रति उदासीनता उसके चरित्र का एक अंग बन गई।

उसके छात्रावास की अधिकांश युवतियों के परिसर के बाहर के पुरुषों से सम्बन्ध थे और चूँकि विश्वविद्यालय प्रशासन की ओर से छात्रों के वैयक्तिक जीवन में कोई हस्तक्षेप नहीं था, ये युवतियाँ अपनी आजादी का पूरा उपयोग

करती थीं और दूसरों को अवसर से लाभ उठाने में सहयोग करती थीं। वस्तुतः जिस लड़की के जितने अधिक सम्पन्न मित्र होते थे, उसके प्रति दूसरी लड़कियों के दिल में उतनी ही अधिक इज्जत का भाव होता था और उतनी ही अधिक ईर्ष्या भी होती थी।

जब भी हीरालाल की कार छात्रावास के पोर्टिको में आकर लगती, छात्रावास की दर्जनों लड़कियाँ अपने कमरों की खिड़कियाँ से उसे देखतीं और तब तक देखती रहतीं जब तक अनुराधा कार में सवार होकर चली नहीं जाती। वे उसके सौभाग्य से जलतीं और उनके कलेजे में अत्यन्त कष्टदायक ऐंठन होती। वे आईने में अपने चेहरे देखतीं और सोचतीं, 'उसके पास क्या है जो हमारे पास नहीं है? यह तकदीर का फेर नहीं तो और क्या है?'

अनुराधा के मन में, थोड़े ही दिनों में 'नया समाज भवन' के प्रति अपनत्व की भावना जग गई और वह वहाँ की हर वस्तु को प्यार करने लगी। वह फूलों के पौधों को पटाती, कमरे की कालीनों और पर्दों को झाड़ती, कमरों में लगी तस्वीरों को, जो डरावने चेहरेवाले विदेशियों की थीं, झाड़ती-पोंछती। उस समय उसके चेहरे पर सन्तोष की मुस्कुराहट और उसकी चाल में ऐसी गम्भीरता रहती, जो एक सफल गृहिणी की चाल में होती है। वह अपने व्यवहार से हीरालाल को खुश करने की कोशिश करती—इस कारण नहीं कि वह किसी लाभ की अपेक्षा रखती थी बल्कि इस कारण कि उसे इसमें आनन्द आने लगा था।

मोतीलाल गोस्वामी और पन्नालाल पंडित, जो पचास से ऊपर के थे, लेकिन सफेद केश में महँगा खिजाब लगाकर उसे काला किए रहते थे, उसे भाभी कहने लगे थे। लेकिन वह उसे हँसकर अनसुनी करने और मन के किसी कोने में होनेवाली पीड़ा को भूलने की कोशिश करती। उसे ऐसा लगने लगा था कि वह हीरालाल शास्त्री से निकटता के बाद हर तरह के नियन्त्रण से ऊपर उठ गई है और उस पर सामान्य व्यवहार के वे नियम लागू नहीं होते, जो साधारण औरतों पर लागू होते हैं। उसने अपने हृदय के घाव की पीड़ा को भूलने की कोशिश की और इसके लिए स्वयं को अपनी नई भूमिका में जोर-शोर से लगा दिया।

रोहितपुर में होनेवाले परिवर्तनों के प्रति भी उसके दृष्टिकोण में परिवर्तन हुआ। रोहितपुर के सामाजिक जीवन में होनेवाला मूल्यों का ह्रास अब उसे उतना कष्टप्रद नहीं लगता था। उसे ऐसा लगता था कि जो कुछ हो रहा है वह द्वन्द्वात्मक भौतिकवाद के सिद्धान्तों के अनुसार हो रहा है और चूँकि यह अनिवार्य है, इसलिए उचित भी है। सामाजिक और राजनीतिक जीवन के हर क्षेत्र में बढ़ती हुई हिंसा, भ्रष्टाचार और मूल्यों का ह्रास, जो कुछ समय पहले उसे भयावह लगता था, अब समाज की प्रगति में एक आवश्यक मुकाम लगने लगा। उसे हीरालाल

का यह कथन न्यायसंगत लगने लगा कि समाज में संघर्ष, हिंसा और अशान्ति की जितनी वृद्धि होगी, उतना ही शीघ्र वामपन्थी क्रान्ति होगी। हिंसा, विद्वेष और अशान्ति का बढ़ना न सिर्फ अवश्यम्भावी था बल्कि अनिवार्य था क्योंकि उसके बिना विकास अवरुद्ध हो जाता था। समता और समानता पर आधारित समाज के लिए खूनी क्रान्ति आवश्यक थी और ऐसी क्रान्ति के लिए सहयोग करना हर व्यक्ति का प्रधान कर्तव्य था।

[22]

अनुराधा के एम.ए. के परीक्षाफल में कई स्रोतों से सहायता मिली, इस कारण वह बहुत अच्छा हुआ। परीक्षाफल निकलने के दो महीने के अन्दर ही उसे नवयुग महिला विद्यालय में, जिसमें मीरा महाजन व्याख्याता थी, व्याख्याता की नौकरी मिल गई और उसके महीने भर के अन्दर नवयुग एपार्टमेंट में, मीरा महाजन के फ्लैट की बगल में दो कमरों का एक फ्लैट मिल गया। वामपन्थी क्रान्ति दल उभयपन्थी क्रान्ति दल का विरोधी होते हुए भी सहयोगी था और उसकी हर योजना में सरकार की तरफ से मदद मिलती थी।

नवयुग एपार्टमेंट में आने के बाद मीरा महाजन से उसकी घनिष्ठता और बढ़ गई। मीरा अक्सर उसके शयनकक्ष में आकर लेट जाती और सिगरेट फूँकती हुई तरह-तरह की बातें करती रहती।

अनुराधा उससे वामपन्थी दर्शन से सम्बन्धित प्रश्न पूछती, जिसकी बारीकियाँ उसकी समझ के बाहर थीं, लेकिन किसी कारणवश मीरा महाजन इन चर्चाओं में अनिच्छा से भाग लेती और हमेशा कोशिश करती कि बातों की दिशा बदल दी जाए। अब उसकी दिलचस्पी भौतिक उपलब्धियों में—गहना, कपड़ों और प्रसाधन की सामग्री में—अधिक हो गई थी। हालाँकि वामपन्थी दर्शन पर उसका अधिकार कम नहीं हुआ था, लेकिन अब वह उसका प्रतिपादन आम सभाओं में ही करती थी।

अब वह वामपन्थी क्रान्ति दल की एक मान्य नेता थी, और दल की सभाओं में भाषण देने के लिए उसे विशेष रूप से आमन्त्रित किया जाता था। इन सभाओं में उसका भाषण इतना प्रचंड होता कि श्रोताओं पर नशा छा जाता, उनके नेत्र विस्फारित हो जाते, मुँह थोड़े खुल जाते, और गर्दन एक विशेष डिग्री के कोण पर स्थिर हो जाती। जब उसका भाषण खत्म होता, दो मिनटों तक शान्ति रहती, जैसे नशा टूट रहा हो। फिर तालियों की ऐसी गड़गड़ाहट होती मानो श्रोताओं ने आवाज की भीषणता से आसमान को ढा देने का निश्चय कर लिया हो।

वामपन्थी क्रान्ति दल के नेताओं ने मीरा महाजन और अनुराधा की योग्यता की पहचान कर ली थी और उन्हें दल के पदानुक्रम में यथायोग्य ऊपर स्थान दिलाने का निश्चय किया था और थोड़े ही दिनों में अनुराधा भी एक प्रभावशाली वक्ता हो गई।

उसने गौर किया कि मीरा महाजन जो बोलती है उसमें अर्थ कम होता है, लेकिन शब्दों के जाल की ऐसी चमत्कारिक बुनाई होती है कि श्रोताओं के दिल और दिमाग उसमें उलझकर रह जाते हैं और आवाज का ऐसा उतार-चढ़ाव और भ्रू-भंगिमा का ऐसा करतब होता है कि श्रोताओं का उत्साह पूर्णिमा की रात में सागर की लहरों की तरह आकाश को छूने के लिए गतिशील हो जाता है।

मीरा की बातचीत या व्यवहार से ऐसा कभी नहीं झलकता कि वह इस बात को समझती है कि उसके भाषणों में अर्थ नहीं होता, वह शब्दों के जाल में उत्साह को इस तरह भर देती कि स्वयं उत्साहित हो जाती और उसे ऐसा लगता कि उसका उत्साह अकृत्रिम है और उसमें कोई मिलावट नहीं।

धीरे-धीरे अनुराधा को भी ऐसा लगने लगा कि यद्यपि वह स्वयं अपने तर्कों को समझ नहीं पाती है, वह जो कुछ कहती है वह अकाट्य सत्य है और द्वन्द्वात्मक भौतिकवाद द्वारा नए मानव के निर्माण की बात एक ऐसा सत्य है, जिसे प्रकाशित करने के लिए तर्कों की आवश्यकता नहीं।

अब उसके जीवन में स्थिरता आ गई थी और उसका यह कर्तव्य था कि वामपन्थी क्रान्ति के लिए अपनी सारी शक्ति और योग्यता को लगा दे।

लेकिन सारी सफलता के बावजूद उसकी नासिका में एक ऐसी दुर्गन्ध भरी हुई थी जो उसे अस्थिर कर रही थी। उसने सोचा कि यह एक अस्थायी ग्रन्थि है, और समय बीतने के साथ इससे उसे मुक्ति मिल जाएगी, लेकिन ऐसा नहीं हुआ। धीरे-धीरे यह दुर्गन्ध और असह्य होती गई।

'गीतांजलि' में अपने कमरे में लेटी हुई अनुराधा पिछले कुछ वर्षों की जिन्दगी के पन्नों को उलट-पलट रही थी, और यह तय करने की कोशिश कर रही थी—उसने क्या खोया और क्या पाया।

[23]

दूसरे दिन अनुराधा देर से उठी, लेकिन नौ बजते-बजते स्नान और नाश्ता कर सुजाता मुखर्जी के यहाँ जाने के लिए तैयार हो गई। उसने अपने आने के सम्बन्ध में पूर्वसूचना उसे नहीं दी थी, लेकिन वह जानती थी कि उसका स्कूल दशहरे के लिए बन्द होगा और वह घर पर ही होगी।

पिता की मृत्यु और सुकंठ के फिल्मी हीरो बनने की इच्छा से महानगर की फिल्मनगरी में खो जाने के बाद, सुजाता और उसकी माँ सुस्मिता ने रोहितपुर के दक्षिण में सिर उठा रहे एक नए मुहल्ले इन्द्रपुरी में दो कमरों का एक फ्लैट किराए पर ले लिया था। इसी मुहल्ले में चल रहे एक नए स्कूल 'शर्मा आदर्श विद्यालय' में सुजाता ने कम पैसे में ही संगीत-शिक्षिका की नौकरी कर ली थी क्योंकि आदर्श कन्या विद्यालय, उसके निवास से बहुत दूर था।

अनुराधा सुजाता के नए निवास में पहले नहीं गई थी, लेकिन उसे विश्वास था कि वहाँ पहुँचने में उसे कोई दिक्कत नहीं होगी।

जाने के लिए उसके तैयार होने के एक घंटा पहले त्रिलोकी सिंह का बड़ा बेटा रामदेव सिंह अपने पिता को बुरा-भला कह गया था और वातावरण उत्तेजित था। रामदेव की दोनों पुत्रियों को अनुराधा के देवल से आने की सूचना मिल चुकी थी और वे 'प्रभाती' और 'गीतांजलि' के बीच खड़ी दीवाल के ऊपर से ताक-झाँक कर रही थीं।

अनुराधा जब उनकी नजरों के सामने से गुजरी, तो वे इस तरह चहकने लगीं, जैसे वह कोई अजीब जीव हो! वे लगातार ताक-झाँक करती रहीं। उन्होंने ऐसा व्यवहार नहीं किया जिससे यह मालूम हो कि वे उसे पहचानती भी हैं। अनुराधा का रोहितपुर में आने का उत्साह, जो अब तक ठंडा पड़ चुका था, कैकेयी और सुमित्रा के व्यवहार से ऐसा हो गया, जैसा पानी पड़ने पर राख का हो जाता है। वह बुझे मन से रिक्शे पर बैठी और इन्द्रपुरी की तरफ चल पड़ी।

सड़क सुवर्णा के समानान्तर जाती थी और रिक्शे पर से नदी के तल का सागर-सा विस्तार आसानी से देखा जा सकता था। अन्य अवसरों पर सुवर्णा नदी की कल्पना ही उसके मन को पंख लगा देती थी, लेकिन आज उसके मन पर ऐसा बोझ पड़ा था कि वह दाएँ-बाएँ ताकने की स्थिति में नहीं थी और वह सीधे आगे ताकती हुई बैठी रही। लेकिन उसकी आँखें सामने की किसी वस्तु को नहीं देख रही थीं, वे सिर्फ विनाश की उस तस्वीर को देख रही थीं, जो उसके अवचेतन में उभर आई थी। यह द्वन्द्वात्मक भौतिकवाद के सिद्धान्तों पर आधारित समाज की ऐसी तस्वीर थी जैसी अस्थिर जल में किसी व्यक्ति की छाया होती है। उसने इस तस्वीर से मुक्ति पाने की कोशिश नहीं की क्योंकि वह जानती थी कि यह सम्भव नहीं है।

रिक्शावाले को शर्मा आदर्श विद्यालय का पता मालूम था और उसने अनुराधा को सुजाता मुखर्जी के यहाँ बिना किसी कठिनाई के पहुँचा दिया।

सुजाता ने सुखद आश्चर्य से पूछा, "कब आए? क्या देवल में साथियों से खटपट हो गई है?"

"नहीं दीदी, खटपट क्यों होगी? वर्षों से रोहितपुर से दूर थी। आप लोगों से मिलने के लिए मन छटपटा रहा था," अनुराधा ने जवाब दिया।

सुजाता की माँ सुस्मिता मुखर्जी बोली, "बेटी, यह तुम्हारी कृपा है कि हमें याद कर लेती हो, वरना रोहितपुर में क्या बचा है कि आदमी यहाँ आने की इच्छा करे?"

सुस्मिता मुखर्जी के सारे केश सफेद हो गए थे, लेकिन उसके व्यक्तित्व से सन्तोष झलक रहा था। लगता था कि उसके जीवन के सपने सच हो गए हैं और उसकी सारी इच्छाएँ पूरी हो गई हैं।

सुजाता मुखर्जी के दो-चार केश ही पके थे, लेकिन उसकी आँखों में ऐसी बेचैनी थी और उसके चेहरे पर ऐसा असन्तोष था कि वह अपनी माँ की छोटी बहन-सी लगती थी।

सुस्मिता मुखर्जी की बातों से अनुराधा की मानसिक अशान्ति स्वयमेव कम हो गई और वह मुस्कुराती हुई बोली, "चाचीजी, बड़ों का दर्शन अपने-आपमें सौभाग्य है। कठिनाई फुर्सत पाने में है। बड़े शहर में काम नहीं रहने पर भी आदमी घड़ी की सूई की तरह व्यस्त रहता है।"

सुस्मिता मुखर्जी हँस पड़ी और सुजाता ने मुस्कुरा दिया।

सुस्मिता मुखर्जी बोली, "हाँ, बेटी, कभी-कभी परिस्थितियाँ ऐसी होती हैं कि आदमी आवश्यक और अनावश्यक में भेद नहीं कर पाता। जब ऐसी स्थिति आए तो जो काम सामने हो, उसी में मन लगाया जाए।"

अनुराधा ने कहा, "चाचीजी, मैं वही कह रही हूँ। लेकिन कभी-कभी ऐसा लगता है कि जो कर रही हूँ, वह बेमतलब है। रोहितपुर में आने के बाद निरर्थकता की भावना अधिक प्रबल हो गई है।"

सुस्मिता मुखर्जी ने इस विषय को आगे बढ़ाना उचित नहीं समझा, इस कारण चुप रही।

सुस्मिता बोली, "अनु, तुम्हें देवल में ही नौकरी मिल गई है। तुम बहुत भाग्यशाली हो।"

अनुराधा ने कहा, "दीदी, जब तक मैं देवल में थी, मेरी भी यही धारणा थी। लेकिन यहाँ आने के बाद यह बात सही नहीं लगती। मुझे ऐसा लगता है कि मैं एक ऐसे दलदल में फँस गई हूँ जिससे निकल पाना कठिन है।"

सुजाता ने कहा, "अनु, क्या कोई ऐसा भी व्यक्ति है जो दलदल में नहीं है? दलदल से छुटकारे की स्थिति एक ही है—मृत्यु। लेकिन शायद जीवन की सार्थकता इसी में है कि दलदल में पड़े लोगों के कष्ट को कुछ कम किया जाए।"

अनुराधा बोली, "दीदी, क्या यह सम्भव है? जाल में पड़ा पंछी स्वयं को नहीं बचा पाता, तो वह दूसरों को क्या बचाएगा?" फिर एक क्षण रुककर उसने मुस्कुराते हुए कहा, "लेकिन मैं इस समय जाल के बाहर हूँ। आपके साथ रहने से आज़ादी के क्षणों का आनन्द अधिक हो गया है।" उसने एक क्षण बाद कहा, "दीदी, देवल से देखने पर रोहितपुर अत्यन्त सुहावना लगता है, लेकिन यहाँ आने पर यह अपराधकर्मियों की माँद-सा दीखता है। आपके साथ चलकर देखूँ कि सच्चाई क्या है।"

सुजाता उठकर तैयार होती हुई बोली, "चलो, चलती हूँ। ऊपर से देखने पर क्या मालूम होगा? लगेगा सबकुछ ठीक है, लेकिन आदमी बदल गए हैं और उनके आपसी सम्बन्ध बदल गए हैं। यहाँ तुम एक लम्बे अन्तराल के बाद आई हो, इस कारण सम्भव है, यहाँ होनेवाले परिवर्तन सरसरी निगाह से ही दीख पड़ें।"

इन्द्रपुरी मुहल्ले से एक किलोमीटर दक्षिण सुवर्णा में बाँध बाँधी गई थी जिसके आगे एक विशाल जलक्षेत्र बन गया था। यह जलक्षेत्र जहाँ समाप्त होता था, उससे आगे जंगल शुरू होते थे और ऊपर चढ़ते हुए पहाड़ के काले-भूरे टोलों में प्रवेश कर जाते थे। जंगलों का इस तरह छिप जाना अप्रिय था क्योंकि इससे आकाश के वितान में एक अनगढ़ झालर लग गई थी।

लेकिन सुवर्णा के तट से मीलों दूर तक फैले जंगलों में शरद ऋतु के फूल आ गए थे और हवा में एक तीखी गन्ध फैल गई थी जो कल्पना को धरती की हवा की पहुँच से ऊपर उठाती थी। शहर बहुत पीछे था और ऐसा प्रतीत होता था कि मानवी व्यापार से पूर्णतः सम्बन्ध-विच्छेद हो गया था। यह ऐसा अनुभव था जो उसे बहुत दिनों के बाद हो रहा था और कर्ण-कटु आवाजों के बाद मधुर संगीत की लहरियों की तरह था। वह वर्षों से जिस अशान्त दुनिया में रह रही थी, उससे मुक्ति, क्षणिक ही सही, आह्लादायिनी थी।

अनुराधा ने पूछा, "दीदी, क्या आदमी में असन्तोष की भावना कोई स्थायी चीज है? ऐसा क्यों होता है कि जो आज अच्छा लगता है, वह कल मन को नहीं भाता?"

सुजाता बोली, "बहन, ये ऊँची बातें हैं, दर्शनशास्त्र की। मैं इनके सम्बन्ध में क्या कह सकती हूँ? लेकिन इतना जरूर देख रही हूँ कि रोहितपुर की जिन्दगी में तेजी से परिवर्तन हो रहा है और यह परिवर्तन वांछित नहीं है। जो कल था, वह आज नहीं है और जो आज है वह कल नहीं रहेगा। इस परिवर्तन का सबसे अवांछनीय पक्ष है उन मूल्यों का ह्रास जो व्यक्ति के व्यवहार को परिवार और समाज में दिशा देते हैं।"

अनुराधा मौन रही। दो मिनटों के बाद सुजाता ने बोलना जारी रखा, ''अनु, मैं 'गीतांजलि' में पली और बड़ी हुई और मेरा 'गीतांजलि, प्रभाती और कल्याणी' से हमेशा गहरा लगाव रहा। बिक जाने पर भी उनके प्रति मेरा लगाव कम नहीं हुआ। तुम्हारे पिता और भाइयों के प्रति भी मेरे मन में कभी कटुता नहीं रही, शायद इस कारण कि वे 'गीतांजलि' परिवार से जुड़े हुए हैं। ये मकान मेरे परिवार के लिए अशुभ साबित हों लेकिन लगता है कि इससे बचा नहीं जा सकता।''

अनुराधा ने पूछा, ''दीदी, क्या इधर कोई विशेष बात हुई है?''

सुजाता ने जवाब दिया, ''अनु, तुम्हें शायद मालूम नहीं, लेकिन तुम्हारे भाइयों ने तुम्हारे पिताजी को नोटिस दी है कि 'गीतांजलि' को दो बराबर टुकड़ों में बाँटकर आधा-आधा उन्हें दे दें।''

अनुराधा ने आश्चर्य से कहा, ''क्या? तब पिताजी और माँ कहाँ रहेंगे?''

सुजाता ने उसके प्रश्न का सीधा उत्तर नहीं दिया और बोली, '' 'गीतांजलि' को बाँटने की बात तुम्हारे भाइयों की ओर से नहीं बल्कि तुम्हारी भाभियों की ओर से उठी है। तुम्हारे भाई लोग अभी चुप हैं, लेकिन रामदेव सिंह की दोनों पुत्रियाँ और कृष्णदेव सिंह के दोनों पुत्र हर रोज 'गीतांजलि' की बाईं और दाईं चहारदीवारी पर चढ़कर दादा-दादी को गालियाँ देते हैं।''

एक दिन पहले 'गीतांजलि' के अहाते में प्रवेश करते समय अनुराधा को एक विचित्र किस्म के खालीपन का बोध हुआ था। इस समय एकाएक उसके ध्यान में यह बात आई कि मकान के अहाते पर प्रवेशद्वार पर दोनों तरफ लगे मौलश्री के दोनों पेड़ काट दिए गए थे और वहाँ पर कोयले के ढेर लगे थे।

उसने पूछा, ''दीदी, पिताजी के कोयले का गोदाम नहर के पश्चिम था न? फिर 'गीतांजलि' के अहाते में कोयले का ढेर क्यों है? जब मैंने देखा तो मुझे अजीब लगा, लेकिन मैं समझ नहीं पाई कि किससे पूछूँ।''

सुजाता ने अनुराधा का संकेत समझ कुछ धीमी आवाज में कहा, ''अनु, मौलश्री के उन पेड़ों के कट जाने से मुझे बड़ी तकलीफ हुई। मैंने उनके बचपन से ही उन्हें हर दिन सींचा था। जब 'गीतांजलि, प्रभाती और कल्याणी' मकान बिक गए, तब भी किसी न किसी बहाने उस रास्ते से गुजरती थी। उन्हें देखकर ऐसा लगता था कि अभी भी कुछ शेष है जो अपना है। लेकिन सालभर पहले तुम्हारे पिताजी के कोयला गोदाम पर तुम्हारे भाई रामदेव सिंह और कृष्णदेव सिंह ने कब्जा कर लिया और 'गीतांजलि' के मौलश्री के दोनों पेड़ों को कटवाकर उनकी जगह तुम्हारे पिताजी के गोदाम का कोयला रखवा दिया। रामदेव सिंह और कृष्णदेव सिंह का कहना है कि वे अपने ईंट-भट्ठों के लिए दूसरे लोगों से कोयला खरीदकर घाटे में पड़ते हैं। पिताजी अपने गोदाम के कोयले को

'गीतांजलि' के अहाते में रख सकते हैं। दो आदमी ही तो हैं। इतनी जगह छेंकने की क्या जरूरत है जिसे सँभाल पाना मुश्किल हो?"

'गीतांजलि' में एक दिन पहले हुए स्वागत का कारण अनुराधा की समझ में आ गया। वह माता-पिता की अत्यन्त प्रिय सन्तान थी। उन्होंने जिस तरह उससे अलग रहने की कोशिश की थी, उससे उसे आश्चर्य हुआ था। उसने इसका कारण यह समझा था कि वे देवल में विकसित उसके नए सम्बन्धों से परिचित हो गए हैं और इसी कारण अप्रसन्न हैं। लेकिन वह इस पर पूरी तरह विश्वास नहीं कर पा रही थी क्योंकि देवल से किसी सूचना का उनके पास पहुँचने का कोई साधन नहीं दीखता था। सुजाता ने जो कहा, उससे उसे कुछ राहत हुई लेकिन उसका मन अपने माता-पिता के प्रति दया से भर गया।

कुछ मिनटों के बाद वे उठीं, और झारखंडी शिव के मन्दिर की तरफ बढ़ गईं। मन्दिर सुवर्णा के पश्चिमी तट से दो फर्लांग की दूरी पर जंगल के पेड़ों और झुरमुटों के बीच में स्थित था। वह चार सौ वर्ष पुराना था। उसकी दीवालों में दरारें पड़ गई थीं और पीपल की जड़ें जहाँ-तहाँ अन्दर प्रवेश कर झुरमुटों को जन्म दे चुकी थीं।

झुरमुटों के बीच श्वेत स्फटिक के शिव इस तरह मुस्कुरा रहे थे मानो उनसे अधिक सन्तुष्ट अन्य कोई नहीं। अनुराधा का सिर अभिनन्दन की मुद्रा में आगे झुक गया। लेकिन उसके गले में आँसुओं की एक घूँट अटक गई।

[24]

देवल की व्यस्त जिन्दगी में अनुराधा को रोहितपुर एक सुन्दर शान्त और उत्तेजनारहित स्थान लगता था, जहाँ कुछ दिन चिन्तामुक्त होकर बिताए जा सकते थे। पिछले कुछ वर्षों में उसकी जिन्दगी में ऐसी अशान्ति आ गई थी कि सारी आत्म-महत्त्व की भावना के बावजूद वह आशंकाग्रस्त रहने लगी थी। उसके मन के किसी कोने में आग लगी थी और रह-रहकर एक विचार उठने लगा था कि ज्वालाओं से उसे रोहितपुर में ही छुटकारा मिलेगा; और अनुराधा रोहितपुर में पन्द्रह दिन बिताने की योजना बनाकर आ गई, लेकिन दो दिनों में ही उसका मन ऊबने लगा।

रोहितपुर में आने के बाद उसने महसूस किया कि आग की लपटों से बचने की उसकी आशा मृग-तृष्णा के सिवा कुछ नहीं, प्रकृति की आत्मा के साँचे में ढली जीवनशैली में भी इतने बड़े गढ़े थे कि उनमें गिरकर आदमी हमेशा के लिए खो जा सकता था। लेकिन वह दो दिनों में ही हार मानकर लौटना नहीं चाहती

थी। रोहितपुर की जिन्दगी के सम्बन्ध में उसने जो निष्कर्ष निकाले थे, सम्भव है, वे गलत हों। इस कारण उसने कुछ और दिनों तक वहाँ रुकने का निश्चय किया।

रधिया उसके आने के समय से ही उसके चारों तरफ इस तरह मँडराने लगी थी मानो इससे उसे कोई विशेष उपलब्धि होनेवाली हो। वह उसके लिए नाश्ता ले आई फिर स्नान के लिए पानी गर्म किया, हालाँकि नवम्बर के महीने में स्नान के लिए गर्म पानी की आवश्यकता नहीं थी। उसने कपड़े धोए और खाने में भुजिया और पापड़ जोड़कर उसे अधिक सुस्वादु बनाया।

जब तक चित्रा रोहितपुर में थी, उसने अनुराधा की तरफ ध्यान नहीं दिया था। वह चित्रा से इस तरह सटी रहती थी, जैसे उसकी रोजी-रोटी उसी पर निर्भर हो! लेकिन चित्रा के कुसुमपुर चले जाने के बाद उसका अनुराधा के प्रति व्यवहार पूरी तरह बदल गया था और उसने उसमें ऐसे गुणों के दर्शन किए थे, जिन्हें उसने पहले नहीं देखे थे। इस बार जब अनुराधा आई तो रधिया की वर्षों से संचित भक्ति-भावना अपने पूरे वेग से प्रकट हुई और वह जोर-शोर से उसकी सेवा में जुट गई।

रधिया, पिछले तीस वर्षों से 'गीतांजलि' में रह रही थी और अब पचास वर्ष से ऊपर की थी, लेकिन अपनी साज-सज्जा में कोई कमी नहीं करती थी। उसके केश कोलतार की तरह काले थे और देह चावल से भरे बोरे की तरह सुडौल और आकर्षक। वह शोख रंग के कपड़े पहनती थी और इतनी बड़ी बिन्दी लगाती थी कि लगता था, वह सुहागिन है, हालाँकि उसके पति को किसी ने देखा नहीं था और जब से 'गीतांजलि' में आई थी, इसे छोड़कर कहीं गई नहीं थी।

वह कुछ आदिवासी मजदूरों के परिवारों के साथ त्रिलोकी सिंह के भट्ठों पर काम करने आई थी और साल बीतते-बीतते 'गीतांजलि' में रहने लगी थी। 'गीतांजलि' में सबको मालूम था कि उसका त्रिलोकी सिंह से क्या सम्बन्ध है, लेकिन किसी ने कभी इसके विरुद्ध आवाज नहीं उठाई, जैसे यह सम्बन्ध बिलकुल स्वाभाविक हो!

दूसरी दाई लक्ष्मी उसकी समवयस्का थी, लेकिन उसके आधे से अधिक केश सफेद हो चुके थे और वह अपनी उम्र से दस वर्ष अधिक की दीखती थी। उसका पति तमाचू त्रिलोकी सिंह की गद्दी पर काम करता था और सुबह से दस बजे रात तक त्रिलोकी सिंह से मुलाकात करनेवालों की खातिर में लगा रहता था। लेकिन रात में तमाचू और लक्ष्मी 'गीतांजलि' में नहीं रुकते थे, वे त्रिलोकी सिंह के कोयला गोदाम पर चले जाते थे जहाँ उन्होंने फूस की झोंपड़ी बना ली थी। उनके दोनों लड़के अपनी पत्नियों के साथ रामदेव सिंह के भट्ठों पर चले गए थे। अतएव लक्ष्मी और तमाचू की जिन्दगी में कोई कष्ट नहीं था।

'गीतांजलि' में रात को मालिक और मालकिन की सेवा के लिए रधिया अकेली रहती थी, लेकिन वह इस भार को इस दक्षता से सँभालती थी कि किसी को शिकायत का अवसर नहीं था।

रात में अनुराधा जब सोने गई तो रधिया आकर उसके पैर दबाने लगी। अनुराधा ने उसे मना किया तो वह उसके पैरों से लिपटती हुई बोली, "बेबी, यह कैसे हो सकता है कि मैं अपनी ड्यूटी न करूँ? आप थकी-माँदी सैकड़ों मील से आई हैं, और मैं अलग खड़ी होकर टकटकी लगाऊँ? नहीं, यह मुझसे नहीं होगा।"

अनुराधा ने प्रतिवाद करना व्यर्थ समझा। दो मिनटों के बाद रधिया ने उसके पैर दबाते हुए ही विचारमग्न आवाज में पूछा, "बेबी, क्या यह सच है कि देवल में लड़कियाँ बिना शादी के ही मर्दों के साथ रहती हैं और जब चाहें मर्द बदल देती हैं? यह तो बड़ी अच्छी बात है!"

अनुराधा समझ रही थी कि रधिया उसके वैयक्तिक जीवन के सम्बन्ध में टिप्पणी कर रही है। लेकिन वह चुप रही। वह नहीं चाहती थी कि रधिया उसे अपनी जिन्दगी में घसीटने में सफल हो।

रधिया समझ गई कि वह उस विषय पर बात नहीं करना चाहती, जो निरर्थक उलझन का कारण बन जाए। अतएव उसने बातें बदलते हुए कहा, "बेबी, बड़ा खराब जमाना आ गया है। अब दस-बारह साल की लड़कियाँ मर्दों की तलाश में घूमती फिरती हैं।"

अनुराधा ने पूछा, "क्या हुआ, रधिया? क्या कोई नई बात हुई है?"

रधिया ने चटकारा लेते हुए कहा, "हाय राम! क्या आपको यह भी नहीं मालूम, बेबी? मुआ क्या कहते हैं उसे? हाँ—नीली फिल्म, ब्लू फिल्म। रोहितपुर में दस वर्ष की लड़कियाँ नीली फिल्में देखती हैं और नीली फिल्मों में काम करती हैं। थाना चौक के दक्षिण सुवर्णा के किनारे फोटो खींचनेवाले स्टूडियोज की दस गुमटियाँ खड़ी हो गई हैं। स्कूलों में पढ़नेवाली सभी लड़कियाँ उनमें नीली फिल्में देखने और खिंचवाने जाती हैं।"

"रधिया, बहुत से लोग झूठी अफवाहें भी फैलाते हैं। उनकी बात पर विश्वास नहीं करना चाहिए," अनुराधा बोली।

रधिया ने हँसकर कहा, "बेबी, मैंने दिल की बातों में आज तक धोखा नहीं खाया। मैं इसके बारे में जो कहती हूँ, बहुत सोच-समझकर कहती हूँ।"

अनुराधा ने पूछा, "क्या तुम यह कहना चाहती हो कि तुम नीली फिल्मों के सम्बन्ध में जो कह रही हो, वह सही है?"

रधिया ने जवाब दिया, "बेबी, फोटो खिंचवाने का थोड़ा-बहुत शौक मुझे भी है। इस कारण मेरी जान-पहचान रोहितपुर के सभी अच्छे स्टूडियोज से है।" फिर

कुछ नीची आवाज में बोली, "मैंने छोटे बाबू की दोनों लड़कियाँ–कैकयी और सुमित्रा–को आधे दर्जन नीली फिल्मों में देखा है।"

अनुराधा आश्चर्य से उसे देखने लगी।

रधिया ने मुस्कुराते हुए कहा, "बेबी, हमारा रोहितपुर तरक्की में देवल से पीछे नहीं है। यहाँ वह सबकुछ होता है जो देवल में होता है।"

अनुराधा ने पूछा, "और क्या-क्या होता है, रधिया?"

रधिया दो मिनटों तक चुप रही, फिर बोली, "सबकुछ होता है, बेबी। सुवर्णा के किनारे खड़ी मजदूरों की दर्जनों झोंपड़ियाँ देख रही हैं न? इनमें हर तरह का रोजगार होता है। उनमें देशी शराब बनती और बिकती है, शहर के और बाहर के सैकड़ों गुंडे टिकते हैं और तरह-तरह के कुकर्म की तैयारी करते हैं। बेबी, मैं बातें नहीं बना रही, इन्हें शहर का बच्चा-बच्चा जानता है। यह सब सरकारी मदद से होता है, इस कारण इनके खिलाफ बोलने की हिम्मत किसी में नहीं होती।"

अनुराधा ने वार्तालाप की दिशा बदलते हुए कहा, "रधिया, मुझे इस घर के रंग-ढंग अच्छे नहीं लगते। क्या आगे कुछ अशुभ होनेवाला है?"

रधिया बोली, "बेबी, आज जो हो रहा है, उसी से आप आगे के बारे में अंदाजा लगा सकती हैं। क्या सड़न की बू आपके पास नहीं आ रही? इस घर में मैं इतने सालों तक आराम से रही हूँ कि आनेवाले समय के बारे में सोचकर डर लगता है।"

अनुराधा ने पूछा, "रधिया, क्या इधर कोई खास बात हुई?"

रधिया ने उत्तर दिया, "बेबी, जमीन के नीचे बहुत वर्षों से आग लगी हुई है, लेकिन किसी कारणवश धुआँ नहीं निकलता था। अब धुआँ निकलने लगा है और मुझे लगता है जमीन के धँसने में दो-चार साल से अधिक की देर नहीं।"

रधिया की आवाज में एक ऐसी ध्वनि थी कि अनुराधा डर गई और इस चर्चा को जारी रखने की उसकी हिम्मत नहीं हुई। उसने कहा, "रधिया, मैं बहुत थकी हुई हूँ और आराम करना चाहती हूँ। हम बाद में बातें करेंगे।"

रधिया के जाने के बाद अनुराधा के मन में विचारों की तेज आँधी चलती रही, और वह बहुत देर तक सो नहीं सकी। सुबह में नौ बजे के करीब उसकी नींद चित्रा की आवाज सुनकर खुली।

"उठो, उठो अनु। क्या रातभर खसम ने सोने नहीं दिया? लेकिन अभी तो तुम्हारी शादी भी नहीं हुई! क्या कोई दूसरी व्यवस्था कर ली है?" यह कहकर वह खिलखिलाकर हँस पड़ी। वह कुसुमपुर से सुबह में चलनेवाली ट्रेन से पिता के घर आई थी।

[25]

अनुराधा हड़बड़ाकर उठ बैठी, जैसे यह आवाज उस अप्रिय सपने का ही एक अंश हो जिसे वह उस समय देख रही थी। वह देख रही थी कि उसने हीरालाल शास्त्री से शादी कर ली है, और माथे में सिन्दूर, आँखों में काजल, पैरों में महावर लगाकर, सिर से पैर तक गहनों से लदी हुई और सिल्क की सोने के गोटेवाली साड़ी पहन, झालरोंवाले पलँग पर बैठ उसकी प्रतीक्षा कर रही है। कुछ देर में उसे नींद आ जाती है। पाँच मिनट भी नहीं बीते होंगे कि मोतीलाल गोस्वामी और पन्नालाल पंडित उसके पलँग के दोनों तरफ आकर खड़े हो जाते हैं और उसकी देह पर हाथ फेरते हुए अर्थपूर्ण आवाज में कहते हैं, 'उठो, उठो! क्या रात भर खसम ने सोने नहीं दिया? लेकिन अभी तो तुम्हारी शादी भी नहीं हुई। क्या कोई दूसरी व्यवस्था कर ली है?'

अनुराधा कुछ मिनटों तक समझ नहीं पाई कि उसके सामने जो व्यक्ति खड़ा है, वह उसकी दीदी चित्रा है—मोतीलाल गोस्वामी और पन्नालाल पंडित में से कोई नहीं। वह भौंचक्की-सी उसकी तरफ देखती रही।

चित्रा ने पूछा, "क्या कोई सपना देख रही थी, या मुझे पहचानती ही नहीं? क्या मैं इतना बदल गई हूँ?"

अनुराधा ने कहा, "नहीं, दीदी। मैं एक बुरा सपना देख रही थी। क्या कुसुमपुर से आ रही हो?"

चित्रा ने पलँग पर बैठते हुए कहा, "हाँ, बेबी। कुसुमपुर से ही आ रही हूँ। रोहितपुर से कुसुमपुर, फिर कुसुमपुर से रोहितपुर। इसी में जिन्दगी बँधकर रह गई है। तुमने तो, मैंने सुना है, बड़ी तरक्की की है, देवल में तुम्हें नौकरी मिल गई है, और अपना फ्लैट भी हो गया है।"

अनुराधा ने विषय को बदलते हुए कहा, "कुसुमपुर में सब ठीक है न, दीदी? तुम्हारा ब्यूटी पार्लर कैसा चल रहा है?"

चित्रा ने किंचित् उदास होते हुए कहा, "क्या चलेगा, बेबी? कोई अपने मन से काम कर पाए, तब न? हर जगह एक-न-एक अड़चन पैदा हो जाती है।"

इस बीच रधिया चाय ले आई। चित्रा ने चाय की एक प्याली उठा ली और कुछ उदास-सी उसे होंठों से लगा लिया।

अनुराधा ने मुस्कुराते हुए पूछा, "दीदी, जहाँ आप हैं, वहाँ कौन-सी अड़चन पैदा हो सकती है?"

चित्रा ने उत्तर दिया, "बेबी, सभी दिन एकसमान कहाँ होते हैं? असल में

मेरी शादी गलत आदमी से हो गई। महाबली सिंह एक जंगली आदमी है, और उसके साथ एक जंगली औरत ही रह सकती है।''

अनुराधा ने पूछा, ''क्या हुआ, दीदी? क्या वह मारपीट करता है?''

चित्रा एक क्षण चुप रही फिर उदास आवाज में बोली, ''बेबी, यदि वह सिर्फ मारपीट करे तो एक बात है। उसने तो मुझे एक ऐसे मर्द की रखैल बना दिया है जिसकी बीवी उसकी अपनी रखैल है।''

अनुराधा ने यह अप्रिय कहानी सुनी थी, लेकिन चित्रा से नहीं, दूसरों से। उसके मन में यह इच्छा जगी कि वह यह कहानी उससे ही सुने। एक क्षण के लिए उसे लगा कि पत्नी-विनिमय वामपन्थी क्रान्ति दल के कार्यक्रम का ही एक अंग है, और द्वन्द्वात्मक भौतिकवाद के अनुकूल होने के कारण पूरे समाज की मान्यता प्राप्त कर रहा है। लेकिन इसी समय एक अपराध-भावना ने, जो स्पष्टतः संस्कार-प्रसूता थी, उसके हृदय को आहत कर दिया और उसे ऐसा लगा कि यह प्रचलन एक सामाजिक विकृति है, और मनुष्य को पशुता की तरफ ले जाता है।

उसने पूछा, ''दीदी, यह कैसे हो सकता है कि आपका पति आपकी सहमति के बिना आपको दूसरे मर्द के हवाले कर दे? आप अपने पड़ोसियों और पुलिस की मदद ले सकती हैं।''

''बेबी, मेरा अनुभव यह है कि यदि पति नहीं चाहे तो पत्नी किसी काम को नहीं कर सकती। मैं जब महाबली सिंह के यहाँ जाने लगी तो मैंने सोचा था कि मैं घर की मालकिन बनकर जा रही हूँ, लेकिन वहाँ पहले से ही घर की मालकिन मौजूद थी,'' चित्रा ने उत्तर दिया।

''दीदी, मैंने सुना था कि उसकी पहली पत्नी तुमसे शादी होने के वर्षों पहले मर चुकी थी!''

''बेबी, उसकी कानूनी बीवी एक ही है, और वह मैं हूँ। लेकिन उसकी गैरकानूनी बीवियाँ आधा दर्जन से ऊपर हैं। लेकिन अब मेरी तरफ से कोई शिकायत नहीं। मुझे भी हर काम में उतनी ही आजादी है जितनी उसे है। हम एक-दूसरे की जिन्दगी में किसी तरह की दखलंदाजी नहीं करते,'' चित्रा ने हँसकर कहा। फिर उठती हुई बोली, ''रेल की यात्रा से बहुत थक गई हूँ। फ्रेश हो लूँ। उसके बाद बात करेंगे। शाम को मुझे डॉक्टर रमन के यहाँ जाना है। एक झंझट हो तब न? तुम तो बिना नहाए-धोए फ्रेश लग रही हो। लगता है, तुम्हें मंजिल मिल गई है!''

अनुराधा ने मुस्कुराते हुए कहा, ''नहीं, दीदी, अभी नहीं मिली, लेकिन तलाश जारी है। देखें, क्या नतीजा निकलता है!''

स्नान और भोजन के बाद चित्रा ने आधा दर्जन रंगीन पत्रिकाएँ निकालीं और पलँग पर लेटकर उन्हें उलटने-पलटने लगी।

अनुराधा को एकाएक भ्रम हुआ कि जो महिला उसके सामने लेटी हुई है वह चित्रा नहीं, बल्कि जमूरी देवी है। इस महिला की आँखों के चारों तरफ वैसा ही मांसपिड था जैसा जमूरी देवी की आँखों के चारों तरफ था, और मांसपिंड के अन्दर छोटी-छोटी आँखें चित्ती कौड़ी की तरह चमक रही थीं। इन आँखों में कटार की तेजी थी, लेकिन उचित उपयोग के अभाव में जंग लगना शुरू हो गया था। वह पैंतीस पार कर चुकी थी, और उसकी देह पर मांस का एक मोटा पैड चढ़ चुका था, लेकिन चूँकि उसकी लम्बाई कम थी, इस कारण वह सूँस की तरह लगती थी। उसकी हर भाव-भंगिमा और गतिविधि में एक ऐसी बेचैनी थी जिससे उसके अन्दर की छटपटाहट साफ झलकती थी। लेकिन अनुराधा बहुत देर तक समझ नहीं पाई कि इस छटपटाहट का क्या कारण है।

उसे वर्षों पहले की वह घटना याद आई जब चित्रा और आदर्श कन्या विद्यालय की अन्य दर्जनों लड़कियों के गोल्डेन स्टूडियो द्वारा बनाई गई ब्लू फिल्मों में, एक्टिंग के चित्र प्रकाश में आए थे, जिस कारण शहर में बहुत हंगामा हुआ था। गोल्डेन स्टूडियो बन्द हो गया था, लेकिन सालभर के अन्दर आधा दर्जन नए स्टूडियो पैदा हो गए थे, और अब उनमें तस्वीरें खिंचवानेवाली लड़कियों की भीड़ चौगुनी हो गई थी। डॉक्टर रमन की क्लीनिक डायमंड स्टूडियो के पार्श्व में थी, और जब चित्रा डॉक्टर रमन से मिलने जाती थी तो एक-डेढ़ घंटे डायमंड स्टूडियो में भी बिताती थी—स्पष्टतः फोटोग्राफी में उसकी दिलचस्पी अभी जीवित थी। इसका कारण क्या हो सकता है?—अनुराधा को एकाएक इसका कारण समझ में आ गया। यह था चित्रा का निस्सन्तान होना। उसका मन उसके प्रति दया से भर गया और उसने अपना चेहरा दूसरी तरफ फेर लिया।

दो मिनटों के बाद उसने उठते हुए कहा, "दीदी, मैं बहुत दिनों के बाद रोहितपुर आई हूँ। जाकर देखती हूँ कि 'गीतांजलि' के अहाते में लगे फूल के पौधे जीवित हैं या वे भी मौलश्री के पेड़ों की तरह मर गए।"

चित्रा ने कहा, "गुलाब और बेले के फूल उजड़ गए, लेकिन ओड़हुल और चाँदनी के पौधे अभी जीवित हैं। माँ उनके फूलों से ही अपने देवी-देवताओं की पूजा करती है।"

अनुराधा को ऐसा अनुमान था कि मौलश्री के वृक्षों की तरह 'गीतांजलि' के अहाते के अन्य फूल भी नष्ट हो गए होंगे, लेकिन यह जानकर उसे खुशी हुई कि

कुछ पौधे अभी जीवित थे। इन पौधों को देखने के लिए उसका मन बेचैन हो उठा। वह अहाते में गई तो इन पौधों को फूलों से लदे देख उसे रोमांच हो आया।

उसी समय प्रभाती के अहाते से पत्थर का एक बड़ा टुकड़ा आया और उसकी बगल में गिरा। पत्थर इतना बड़ा था कि यदि वह उसके सिर पर गिरा होता तो वह अवश्य ही फट जाता। वह उछलकर अलग हो गई। 'प्रभाती' के अहाते में दो लड़कियाँ जोर-जोर से हँसने लगीं। चहारदीवारी इतनी ऊँची थी कि अनुराधा उन्हें देख नहीं सकी, लेकिन उसका विश्वास था कि वे कैकेयी और सुमित्रा थीं। पत्थर के प्रहार से बच जाने से उसे जो राहत मिली, वह एक ऐसी चोट में बदल गई जिसने उसे अन्दर से आहत कर दिया और उसका मन पीड़ा से भर गया। वह फिर कमरे में लौट गई और चित्रा के पास से एक रंगीन पत्रिका लेकर अपने पलँग पर बैठ उसके पन्ने उलटने लगी।

उसका मन रोहितपुर से खट्टा हो गया था और वह देवल की नई जिन्दगी के बारे में सोचने लगी। वहाँ उसकी नौकरी थी, रहने के लिए अपना फ्लैट था और सम्मानित लोगों का साथ था। उसके सामने एक महान आदर्श था जिससे करोड़ों लोगों की जिन्दगी को एक स्वस्थ दिशा मिलती थी।

उसने हीरालाल शास्त्री, मोतीलाल गोस्वामी, पन्नालाल पंडित, जमूरी देवी, फूलगेंदा सहाय और अन्य लोगों के बारे में सोचा, जो वामपन्थी क्रान्ति दल के सम्मानित नेताओं में थे, किन्तु उसे कुछ निराशा हुई। वे उसे रोहितपुर के सर्वाधिक पतित लोगों से भी निम्नकोटि के लगे। रोहितपुर में जो बुरे थे, उन्हें दूसरे लोग बुरा समझते थे और वे स्वयं भी अपने आपको वैसा ही समझते थे, लेकिन वामपन्थी क्रान्ति दल के ये नेता स्वयं को सामान्य लोगों से कई सीढ़ियाँ ऊपर समझते थे। वे एक ऐसी जिन्दगी जीते थे जिसमें सामान्य जनों के जीवन के मूल्यों और मर्यादाओं का कोई महत्त्व नहीं था। सामान्य जन भी उनके जीवन-दर्शन और उनकी जीवनशैली से इतने प्रभावित थे कि वे बिना किसी दबाव के उनकी श्रेष्ठता को स्वीकार करने के लिए तैयार थे। लेकिन क्या ये लोग उस सामाजिक गरिमा के पात्र थे जिसे उन्होंने प्राप्त कर लिया था?

उसने सोचा, 'क्या समाज की प्रगति संघर्ष और कलह से हो सकती है? यदि समाज का एक हिस्सा दूसरे पर तलवार चलाता रहे तो क्या इससे पूरे समाज का अहित नहीं होगा? क्या समाज के हिस्से समाज से अलग हैं? यह सही है कि वामपन्थी क्रान्ति दल के लोग सामाजिक प्रगति की इसी विचारधारा से फल-फूल रहे हैं, लेकिन इससे विचारधारा के सही होने का प्रमाण कैसे मिल जाता है? समाज को कोई बलपूर्वक लूटता है और कोई उसी के लिए धोखा और प्रपंच के अस्त्र का प्रयोग करता है। वामपन्थी क्रान्ति दल के नेता छल और प्रपंच पर

आधारित तर्कों से दुष्कर्म और हिंसा के उपयोग को उचित करार देते हैं। यह कहना कठिन है कि सबसे बड़ा अपराधकर्मी कौन है।

वामपन्थी क्रान्ति के दर्शन ने अनेकानेक पीढ़ियों को आकर्षित किया क्योंकि इसके तर्क वक्र होते हुए भी इतने लुभावने हैं कि वे अन्तिम सत्य होने का भ्रम पैदा करते हैं। लेकिन उन देशों का क्या हुआ जिनमें द्वन्द्वात्मक भौतिकवादी क्रान्ति हुई, हजारों-लाखों की हत्याएँ हुईं और लहू से नए समाज के महल का गारा तैयार किया गया? वामपन्थी क्रान्तियों के बाद वहाँ की धरती लहू की प्यासी हो गई और ये क्रान्तियाँ शताब्दियों तक जारी रहनेवाले रक्तपात और शोषण का कारण बनीं। पानी के बदले लहू से सिंचित होने के कारण अनाज और साग-सब्जी ने उगना बन्द कर दिया और ये देश भयंकर अकाल के शिकार हुए। निरंकुश व्यवस्था के कारण जीवन के हर क्षेत्र में भ्रष्टाचार फैल गया, औद्योगिक उत्पादन तेजी से घटता गया और कुछ दिनों में सारे कल-कारखाने बन्द हो गए। तब फिर से पुरानी समाज-व्यवस्था लौटी और अनियन्त्रित प्रतियोगिता और प्रतिस्पर्द्धा का युग लौटा जिसमें हर व्यक्ति को बाकी सभी की गर्दन पर चढ़कर उसका गला दबाने का अधिकार था। क्या यह उन्हीं मध्ययुगीन मूल्यों की वापसी नहीं थी जिनके कारण सदियों तक रक्तपात हुआ? लेकिन उस विचारधारा को क्या कहा जाए जो हिंसा और रक्तपात को ही विकास का मार्ग समझती है? फिर इस विचारधारा के प्रति मेरे अन्दर मोह क्यों है?'

उसका चेहरा एकाएक रक्तिम हो उठा। एक ऐसा चेहरा उसके सामने उभर आया जिसके छाया-दर्शन से ही उसके लहू की गति तेज हो गई। उसने अपने विचारों की दिशा बदलने की कोशिश की–'क्या कभी मानव-समाज के दुःखों का अन्त हुआ है? हजारों वर्षों से अगणित लोगों ने मनुष्य के दुःखों का अन्त करने के अगणित उपाय सुझाए, लेकिन क्या उनका अन्त हुआ? हर युग में, हर समाज में ऐसे लोग हुए, जिन्होंने मनुष्य के दुःखों का अन्त करने के सपने देखे और उन सपनों को यथार्थ में बदलने के लिए बड़े-बड़े त्याग किए, लेकिन उनके लगाए कल्पतरु के पौधे बड़े होने पर विष-वृक्ष बन गए। लेकिन उसमें बहुत समय लगा, जबकि वामपन्थी क्रान्ति के कल्पतरु एक पीढ़ी बीतते-बीतते विशालकाय विषवृक्षों में बदल गए। उन्होंने पूरे आसमान को ढक लिया और धरती से प्राण-वायु को सोख लिया, तो क्या इस कारण से कि हमेशा निराशा ही हाथ लगी, आदमी प्रयत्न करना छोड़ दें? नहीं, यह उचित नहीं। मुक्ति का मार्ग अवश्य मिलेगा। हर व्यक्ति की अपनी प्राथमिकताएँ हैं, लेकिन क्या कोई व्यक्ति समाज से अलग है? यदि कोई व्यक्ति अपने लिए मुक्ति का मार्ग खोजता है, तो क्या वह इससे समाज का भी कल्याण नहीं करता? आदमी वांछित वस्तु की प्राप्ति के लिए प्रयत्न करता

है, इसमें बुराई क्या है? यदि वह प्रयत्न नहीं करे तो क्या पश्चात्ताप की भावना उसे हर क्षण अशान्त नहीं करती रहेगी?'

उसकी दृष्टि सामने पलँग पर लेटी चित्रा पर पड़ी और उसका हृदय व्यथा से भर गया। क्या चित्रा हर काम को किसी यन्त्रचालित मशीन की तरह नहीं कर रही थी? लेकिन क्या समाज में जो हो रहा था, उसका प्रभाव उसके जीवन को दिशा नहीं दे रहा था? क्या समाज में होनेवाले परिवर्तन किसी विशेष व्यक्ति के वश में थे? क्या समाज की गति किसी तूफान की गति से भी अधिक अनियन्त्रित नहीं? क्या तूफान में पड़े तिनके का अपनी गतिविधि पर नियन्त्रण रह जाता है? क्या चित्रा ने वही नहीं किया जो उसकी परिस्थिति में कोई अन्य औरत करती? चित्रा के जीवन में जो उतार-चढ़ाव आए थे, उन्होंने उसे एक ऐसा प्राणी नहीं बना दिया था जो उससे भिन्न था? वह ऊपर से भले ही वही हो, लेकिन भीतर से किसी जर्जर मकान की तरह हो गई थी और अपने विवेक से नहीं बल्कि दूसरों की इच्छा से संचालित हो रही थी।

अनुराधा का मन विषाद से भर गया। उसने तय किया कि वह चित्रा से बातें करेगी और उसका दुःख़ बाँटने की कोशिश करेगी।

[27]

चित्रा अपराह्न में चार बजे उठी और डॉक्टर रमन के यहाँ जाने के लिए सजने लगी। उसका शृंगार इतना विस्तृत था कि लगता था, किसी शादी में जाने के लिए तैयार हो रही है या फिर किसी प्रदर्शनी में जाना हो। लेकिन उसकी आँखों में खुशी नहीं थी, बल्कि एक बेचैनी थी जो किसी आशंका के कारण अधिक तीव्र हो गई थी। वह पानी में डूबते हुए आदमी की आँखों की बेचैनी थी, जो तिनका के सहारे की तलाश करता है।

अनुराधा की इच्छा हुई कि वह उसके मन की बात पूछे और उसकी व्यथा को बाँटने की कोशिश करे, लेकिन चित्रा उसके प्रश्नों के उत्तर देने से बचती रही मानो उसे अपने रहस्यों का भेदन बिलकुल अप्रिय हो। एक शान्त और मर्यादायुक्त पारिवारिक जीवन के उसके सारे सपने बिखर चुके थे, लेकिन वह नहीं चाहती थी कि उसके सपनों के टुकड़ों पर किसी की नजर पड़े।

अनुराधा ने उससे कहा, "चलो दीदी, आज हम दोनों साथ घूमने चलें। किसी होटल में चलकर समोसे खाएँगे फिर सुवर्णा के किनारे बैठेंगे।"

चित्रा ने रूखी हँसी हँसकर जवाब दिया, "अनुराधा, हमारी उम्र अब न होटल में बैठकर समोसे खाने की है और न सुवर्णा के किनारे बैठकर बालू गिनने

की। हम दोनों कामकाजी औरतें हैं। हमें सबसे पहले अपने धन्धों पर ध्यान देना चाहिए।"

उसने धन्धों का उच्चारण कुछ इस तरह से किया कि उसमें अपमान की ध्वनि स्पष्ट थी। अनुराधा ने बात को आगे बढ़ाना उचित नहीं समझा और चुपचाप चित्रा की तैयारी को देखती रही। जब चित्रा चली गई तो उसने साड़ी बदली, केश को ठीक किया और मन-बहलाव के लिए घूमने निकल पड़ी।

नवम्बर महीने का दूसरा सप्ताह था और वातावरण की ऊष्मा जा चुकी थी। सुवर्णा के किनारे की झाड़ियाँ फूलों से लदी हुई थीं और उनकी सुगन्ध से हवा पहली बार गर्भवती बनी सुहागिन की तरह प्रफुल्लित थी। अनुराधा को नशा-सा हो गया और वह आँखें मूँद भूत और वर्तमान से ऊपर उठने की कोशिश करने लगी। लेकिन इस घड़ी में भी उसके अन्दर एक ऐसी आवाज उठ रही थी जिसे वह सुनना नहीं चाहती थी। रोहितपुर में सुवर्णा का साहचर्य उसे बहुत प्रिय था, लेकिन उसे ऐसा लग रहा था कि अब वह यहाँ की जिन्दगी से सामंजस्य स्थापित नहीं कर पाएगी। यहाँ की जिन्दगी की गाड़ी में अतुल शक्तिवाले अन्धे घोड़े जोत दिए गए थे और वे उसे ऐसे दलदल में खींचकर ले जा रहे थे जहाँ की हवा के स्पर्श से अनेक चारित्रिक विकृतियाँ पैदा होती थीं। लेकिन कुछ देर के लिए उसे ऐसा लगा कि उसे शान्ति मिल गई है और उस ऊहापोह की स्थिति का अन्त हो गया है जिसमें वह पड़ी हुई थी। उसने आँखें खोल सुवर्णा पर दृष्टिपात किया और सामने के भव्य दृश्य में खो गई। नीलम की पट्टिकावाली सोने की विस्तृत चादर के उस पार फैले झुरमुटों और जंगलों में लाल-पीले फूलों के चँवर हिल रहे थे और हवा में नशा पैदा करनेवाली सुगन्ध भर रहे थे। अनुराधा को ऐसा लगा जैसे उसे नशा हो गया हो और वह अपने इर्द-गिर्द की जिन्दगी से ऊपर उठ गई।

उसी समय उसके ठीक पीछे किसी ने पिस्तौल के छूटने जैसी आवाज में छींक लगाई। यह इतना अनपेक्षित था कि वह भय के कारण जोर से उछली और पीछे की तरफ घूमकर खड़ी हो गई। उसने देखा कि बीस-बाईस वर्ष के चार युवक, जो कॉलेज के विद्यार्थी की तरह लग रहे थे, उसके ठीक पीछे खड़े थे और मुस्कुराते हुए उसे घूर रहे थे।

अनुराधा ने रुक्ष आवाज में उनसे पूछा, "कौन हो तुम लोग?"

एक ने हँसकर टिप्पणी की—"बिदकती है!"

दूसरे ने कहा, "तासीर गर्म है!"

चारों जोर-जोर से हँस पड़े।

अनुराधा डर गई। वे जहाँ खड़े थे, वहाँ बिलकुल निर्जन था, वहाँ से दो फर्लांग की दूरी पर शहर की आबादी शुरू होती थी। यदि वे उसके साथ

दुर्व्यवहार करने पर तुल जाएँ तो कोई उनका कुछ नहीं बिगाड़ सकता था। लेकिन उसने जी को कड़ा कर धमकी-भरी आवाज में कहा, "लगता है, तुम लोगों को नहीं मालूम कि मैं कौन हूँ। मैं त्रिलोकी सिंह जी की छोटी बेटी हूँ।"

एक ने कहा, "अहा-हा, तो आप भी ब्लू फिल्मों के बिजिनेस में हैं?"

लेकिन उनमें से एक विनम्र आवाज में बोला, "बहनजी, आप देवल में किसी कॉलेज में प्राध्यापिका हैं न? मैं आपको जानता हूँ लेकिन मैं आपको सूचित करना चाहता हूँ कि यह जगह औरतों के लिए अकेली बैठने के लायक नहीं है। किसी औरत को यहाँ अकेली बैठी या घूमती देखकर लोग तरह-तरह के अर्थ लगा लेते हैं। आपसे निवेदन है कि आप इस जगह से चली जाइए।"

अनुराधा ने कुछ कहना उचित नहीं समझा और सिर झुकाए लौट पड़ी। वह एकाएक सपनों की दुनिया से फिसलकर यथार्थ की दुनिया में आ गई। उसके कदम स्वयमेव सुजाता चटर्जी के घर की तरफ बढ़ चले यद्यपि 'गीतांजलि' से निकलने के समय वहाँ जाने की बात उसके मन में आई भी नहीं थी।

वह सुजाता चटर्जी के घर की तरफ कुछ ही कदम आगे बढ़ी होगी कि आगे से सफेद रंग की एक बड़ी कार आती दिखाई पड़ी जिसके ऊपर 'सामाजिक न्याय दल' का हरे रंग का झंडा लहरा रहा था। कार के सामने लाल रंग की एक पट्टी सटी थी जिस पर हरे अक्षरों में लिखा था—'घोंटन सिंह यादव'। अनुराधा को उस घोंटन यादव का स्मरण हुआ जो उसके साथ सहदेव जैन स्कूल में पढ़ता था और जो हर दो महीने में चोरी या बटमारी के अपराध में पकड़ा जाकर जेल जाता था। स्कूल में भी जो कुछ उसके हाथ लगता, उसे बाजार में ले जाकर बेच देता और यदि कोई विरोध में कुछ कहता तो गुर्राता और लड़ने के लिए तैयार हो जाता। चार वर्षों तक सातवीं कक्षा में रहने के बाद उसने पढ़ाई छोड़ दी थी और 'सामाजिक न्याय दल' का जुझारू कार्यकर्ता, फिर जुझारू नेता बन गया था।

सामने से आती कार पर घोंटन सिंह यादव का बोर्ड देख अनुराधा को ऐसा लगा कि वह वही घोंटन सिंह यादव होगा। कार जब उसकी बगल से गुजरी तो उसने उत्सुकतावश कार के अन्दर नजर डाली। घोंटन सिंह यादव ने उसे पहचान लिया। उसने गाड़ी की चाल धीमी कर दी और ऊँची आवाज में भैंस की तरह तीन बार डकारा। अनुराधा ने अपनी चाल तेज कर दी और सिर झुकाए आगे बढ़ गई। घोंटन सिंह यादव की गाड़ी दो-तीन मिनटों तक रुकी रही, फिर चल पड़ी।

अनुराधा के मन में डर समा गया। उसका दिल धड़कने लगा और उसके पैर काँपने लगे। उसने देवल में बिताए गए पिछले पाँच वर्षों में इस तरह के डर का अनुभव कभी नहीं किया था। उसके कदम तभी रुके जब वह सुजाता चटर्जी के फ्लैट में पहुँच गई।

माँ-बेटी ने उत्साह से उसका स्वागत किया, जिससे उसका मानसिक ताप कुछ कम हुआ। सुजाता की माँ ने उसे खीर का प्रसाद खिलाया, जिसे उसने गौरी की पूजा के लिए बनाया था और पूछा, "बेटी, रोहितपुर में महीना-दो महीना रुकोगी न? बहुत दिनों के बाद आई हो, कुछ दिन ठहरने से मन बहल जाएगा।"

अनुराधा ने जवाब दिया, "चाचीजी, मैं कम-से-कम दो हफ्ते तक रोहितपुर में रुकने का प्रोग्राम बनाकर आई थी, लेकिन अब विचार छोड़ दिया है। देवल में कुछ जरूरी काम पड़े हैं, जिन्हें मैं भूल गई थी। अब मेरे लिए जल्दी से जल्दी लौट जाना अच्छा रहेगा।"

सुजाता ने कहा, "इतनी जल्दी लौटना है तो चलो, थोड़ी देर मेरे कमरे में बैठो। मैं तुम्हें दो-तीन गाने सुनाना चाहती हूँ, ताकि तुम्हें कभी-कभी हमारी याद आती रहे। जब तुम छोटी थीं, तुम संगीत से प्रेम करती थीं और मेरा अनुभव है कि यह प्रेम कभी मरता नहीं।"

अनुराधा ने महसूस किया कि सुजाता जो कह रही है, वह सही है। उसने एक जिद के कारण संगीत से सम्बन्ध तोड़ लिया था और चित्रकारी से नाता जोड़ने का प्रयत्न किया था। लेकिन थोड़े ही दिनों में उसका मन उससे उचट गया था। संगीत से सम्बन्ध-विच्छेद ने उसके मन में एक ऐसा घाव किया था जो अब तक भरा नहीं था। कभी-कभी उसकी इच्छा बलवती हो उठती थी कि वह फिर से संगीत से नाता जोड़ ले, लेकिन वह इस इच्छा को यह सोचकर दबा देती थी कि अब उसके लिए बहुत देर हो चुकी थी।

वह बोली, "आप लोगों से मुलाकात ही मेरे लिए एक बड़ी उपलब्धि है। आपका गायन मेरे लिए एक अमूल्य आशीर्वाद होगा। चलिए, आपके कमरे में कुछ समय बिताएँ।"

कमरे के एक कोने में सुजाता के पिता के सितार, हारमोनियम और तबला रखे हुए थे। शेष वाद्ययन्त्रों को आदर्श कन्या विद्यालय और शर्मा आदर्श विद्यालय में दान कर दिया गया था। शर्मा आदर्श विद्यालय की नौकरी मिलने का एक कारण यह भी था कि सुजाता ने स्कूल को ऐसे अनेक वाद्ययन्त्र दान के रूप में दिए थे जिनके नाम भी स्कूल के मालिक छोटन शर्मा ने कभी नहीं सुने थे।

छोटन शर्मा एक बहुधन्धी व्यक्ति था, जो बी.ए. करने के बाद दस वर्षों तक बेरोजगार रहा था फिर एक के बाद एक तीन 'शर्मा आदर्श विद्यालय' खोले थे। वह अपने विद्यालयों में ऐसी लड़कियों को शिक्षिका नियुक्त करता था जो साधारण मजदूरों को मिलनेवाली मजदूरी से आधे पैसों में नौकरी करने के लिए तैयार थीं। शर्मा आदर्श विद्यालयों में सहशिक्षा थी और वहाँ हर छात्र और छात्रा के लिए गले में लाल टाई बाँधना अनिवार्य था। इन विद्यालयों में फीस बहुत

ऊँची थी, लेकिन उनमें विद्यार्थियों की भीड़ थी, क्योंकि लोगों की ऐसी धारणा थी कि उनमें पढ़नेवाले विद्यार्थी ब्लू फिल्मों की तरफ ताकते भी नहीं, उनमें भाग लेने की बात कौन कहे।

अनुराधा ने कहा, "दीदी, इसी तरह रोहितपुर में भी शिक्षा एक व्यवसाय बन चुका है। पहले मैं समझती थी कि यह स्थिति सिर्फ देवल में ही है।"

सुजाता बोली, "बहन, यह स्थिति सिर्फ एक या दो शहरों की नहीं है, बल्कि पूरे सुदेश की है। इधर कुछ वर्षों से पुरानी मान्यताएँ इस तरह ढही हैं कि ऐसा प्रतीत होता है, जैसे हम एक अपरिचित समाज में रह रहे हों। हर कोई एक ऐसी दौड़ में शामिल है जहाँ कोई नियम नहीं, सिर्फ आगे बढ़ने की चिन्ता है। हर आदमी के हाथ में कोई-न-कोई हथियार है—पशुओं की हड्डी से लेकर बन्दूक और बम तक और वह अपने चारों तरफ के लोगों पर आघात करता हुआ आगे बढ़ रहा है। किसी को नहीं मालूम कि उसका गन्तव्य क्या है, उसके दौड़ने का उद्देश्य क्या है; फिर भी वह दौड़ता जा रहा है, मानो इस दौड़ पर ही उसका अस्तित्व है। बहन, तुम शिक्षा के व्यवसाय होने की बात कहती हो, यहाँ हर काम व्यवसाय का रूप ले चुका है। कोई भी ऐसी चीज नहीं जो क्रय-विक्रय से ऊपर हो। लेकिन यह क्रय-विक्रय असामान्य किस्म का है, जिसमें ईमानदारी के अलावा हर अस्त्र का प्रयोग होता है। लेकिन छोड़ो इस गाथा को, मैं तुम्हें अपने पिताजी के सितार पर एक गीत सुनाती हूँ। तुमने सितार ही सीखना शुरू किया था न? मुझे अफसोस है कि मैंने एक मेधावी छात्रा को खो दिया।"

अनुराधा ने कहा, "दीदी, मैं पुरानी यादों को जगाकर सबका मन दुखाना नहीं चाहती। गाना फिर कभी सुनूँगी। आप अपने बारे में सुनाइए। क्या अकेलापन कभी-कभी भारी बोझ नहीं बनता?"

सुजाता ने कृत्रिम हँसी हँसकर जवाब दिया, "अनु, एकाकीपन का बोझ इतना भारी है कि इसे सह्य बनाने के लिए अपने-आपको समझाना पड़ता है कि यह है ही नहीं। लेकिन मन है कि समझने से इनकार करता है।"

फिर कुछ स्थिर आवाज में बोली, "अनु, क्या अकेली औरत की जिन्दगी भी कोई जिन्दगी है? एक उम्र के बाद उसे खोखलापन घेर लेता है और हर काम निरुद्देश्य लगता है। प्रकृति ने औरत का शरीर जिस उद्देश्य से बनाया है, उसकी पूर्ति अवश्य होनी चाहिए अन्यथा सारी उपलब्धियाँ बेमानी लगती हैं।"

अनुराधा चुप रही। सुजाता जो कह रही थी, उसकी सच्चाई को वह समझ रही थी, लेकिन कुछ दूसरे भी उद्देश्य थे जो कम महत्त्वपूर्ण नहीं थे और जो जीवन के खोखलेपन को भर सकते थे, किन्तु उसने उनके सम्बन्ध में बातें करना आवश्यक नहीं समझा।

लेकिन न जाने क्या हुआ कि उसका मन एकाएक रोहितपुर से उचट गया और उसने यथाशीघ्र देवल लौटने का निश्चय किया।

[28]

उसे दूसरे दिन ही ट्रेन की टिकट मिल गई और उसने अपनी माँ और चित्रा से इस तरह विदा ली, जैसे दो-चार दिनों के लिए अलग हो रही हो। लेकिन उसका मन भारी था और उसे ऐसा लग रहा था कि वह रोहितपुर से हमेशा के लिए बिदा ले रही है। क्या यह इस कारण था कि उसने रोहितपुर के जीवन के सम्बन्ध में जो सपने देखे थे, वे बिखर गए थे? क्या इसका कारण यह था कि उसने अपने भविष्य के सम्बन्ध में कुछ ऐसे निर्णय लिये थे जिनसे उसके हृदय की सहमति नहीं थी? क्या यह इस कारण था कि भविष्य दूर तक कुहासे में डूबा था और वहाँ कुछ दृष्टिगोचर नहीं होने के कारण मन तरह-तरह की आशंकाओं से ग्रस्त हो जाता था?

उसे सुजाता की बह बात स्मरण हो आई कि अकेली औरत की जिन्दगी का कोई महत्त्व नहीं है। यद्यपि सुजाता की बात का अर्थ उसे स्पष्ट नहीं था फिर भी उसने उसे अशान्त कर दिया था। उसे ऐसा लगने लगा था कि उसकी जिन्दगी ने जो रास्ता पकड़ा है वह एक ऐसी अन्धी गली में ले जाएगा जहाँ से लौटना असम्भव है। क्या सुजाता का अर्थ यह था कि औरत की जिन्दगी पति और बच्चों के बिना अधूरी है? वह स्वयं बच्चों की माँ बन सकती है, उसके जीवन में ऐसे अधूरेपन का प्रश्न कहाँ था? क्या...क्या हीरालाल शास्त्री से उसका सम्बन्ध अनुचित है? क्या नारी और पुरुष का सम्बन्ध तभी उचित होगा जब उसे पारम्परिक संस्थापना की मान्यता मिल जाएगी?

हीरालाल शास्त्री का चेहरा उसकी आँखों के सामने आते ही उसकी देह काँप गई, जैसे उसने मगर का स्पर्श कर लिया हो! इस तरह का भाव उसके मन में पहली बार नहीं जगा था। जब से उसका हीरालाल से शारीरिक सम्बन्ध हुआ था, वह एक विचित्र तरह के नशे में थी, जिसमें आनन्द और भय दोनों का मिश्रण था। लेकिन सुजाता की बात ने उसके मन पर ऐसा प्रभाव डाला कि कुछ देर के लिए नशा उतर गया और वितृष्णा की दुर्गन्ध असहनीय हो गई। उसे ऐसा लगने लगा कि उसने जो रास्ता पकड़ा है, वह उसे ऐसी अन्धी गली में ले जाएगा जहाँ से लौटना असम्भव है। हीरालाल से शारीरिक सम्बन्ध स्थापित रखना एक यन्त्रणा थी, लेकिन वह उसके प्रति अनुगृहीत थी जिस कारण उसके आलिंगन को आन्तरिक विद्रोह को दबाकर, स्वीकार करती थी। उसने सोचा—'क्या पुरुष और

नारी के सम्बन्धों के बीच प्रेम का होना आवश्यक है?' लेकिन इस प्रश्न के उठते ही मन में कचोट पहुँची। 'यदि विवाह या प्रेम दोनों में से कोई न रहे तो यह सम्बन्ध वेश्यावृत्ति के सिवा अन्य क्या रह जाता है?'

अनुराधा के दिल पर एक भारी पत्थर पड़ गया और उसकी उद्विग्नता बढ़ गई। क्या वह अपने नए सम्बन्धों से नाता तोड़ सकती है? क्या वह अपनी जिन्दगी को एक ऐसी दिशा दे सकती है जिसमें विवाह और प्रेम को एक ऊँचा स्थान मिले?

मस्तिष्क पर बहुत दबाव डालने पर भी उसे इन प्रश्नों के उत्तर नहीं मिले। उसने सोचा, 'क्या यह इस कारण नहीं कि उसने ऐसा मार्ग चुना था जो उसके चरित्र से मेल नहीं खाता था? तब इस बात से क्या अन्तर पड़ता है कि वह किसी पुरुष का साथ विवाह के माध्यम से करे या प्रेम के कारण करे या अपने स्वार्थों की पूर्ति के लिए करे?' उसने स्वयं को यह विश्वास दिलाने की कोशिश की कि उसने जो मार्ग चुना है, वह सही है, इस कारण भी कि उसके लिए एक ऐसा राज-मार्ग खुलता है जो उसे शक्ति और बाहुल्य के प्रक्षेत्र में ले जाएगा। उसे एक ऐसा रास्ता मिल गया है जिसे पाने के लिए हजारों औरतें एक-दूसरे से प्रतिस्पर्द्धा करती हैं, ऐसी प्रतिस्पर्द्धा जिसमें सफलता के सिवा अन्य सभी विचार महत्त्वहीन हो जाते हैं।

जैसे-जैसे रोहितपुर दूर होता गया, अनुराधा की उदासी कम होती गई और भविष्य के प्रति उत्साह बढ़ता गया। वह भौतिक सुख-सुविधा, वह सामाजिक महत्त्व, सैकड़ों लोगों की प्रशंसा-दृष्टि जो उसके भाषणों के समय और उसके बाद भी, उस पर टिकी रहती थी, उसके अन्दर वह आत्मविश्वास भरती गई जो रोहितपुर में आने के बाद लुप्त हो गया। वह देवल में एक कॉलेज में व्याख्याता ही नहीं थी, बल्कि वामपन्थी क्रान्ति दल की एक मान्य नेत्री थी जिसके भाषणों को सुनने के लिए भीड़ लग जाती थी। उसके भाषण ऐसे होते थे जिन्हें वह स्वयं समझ नहीं पाती थी, लेकिन वाग्जाल इतना प्रभावकारी रहता था और उसकी आवाज में इतना जोश रहता था कि वह उत्साह से भर जाती थी और अपने दल के उद्‌देश्यों की प्राप्ति में पूरा विश्वास हो जाता था। वामपन्थी क्रान्ति दल ने अपने समक्ष जो उद्‌देश्य रखे थे, वे महान थे और उन उद्‌देश्यों के लिए कार्य करने से अधिक यश़स्वी परिनियोजन क्या हो सकता था?

उसके मस्तिष्क में वे उद्‌देश्य, किंचित् अस्पष्ट रूप में, प्रकट हुए जिनके लिए दल कार्य कर रहा था। दल का सर्वप्रधान उद्‌देश्य था एक नए परिवेश में एक नए मानव की सृष्टि करना—एक ऐसे मानव की सृष्टि, जो स्वार्थ से पूरी तरह ऊपर उठ गया होगा, जिसका हर काम विश्वबन्धुत्व की भावना से प्रेरित होगा

और जो निर्भयता और उदारता की प्रतिमूर्ति होगा। अनुराधा ने ऐसे व्यक्ति की कल्पना करने की कोशिश की और उसकी आँखों के सामने हीरालाल शास्त्री, मोतीलाल गोस्वामी, पन्नालाल पंडित, जमूरी देवी, फूलगेंदा सहाय और अन्य नेताओं की तस्वीरें आ गईं। ये सभी द्वन्द्वात्मक भौतिकवाद और वामपन्थी क्रान्ति से उत्पन्न नया समाज और नया मानव का मन्त्र जपते थे, लेकिन उनके हर काम में इतनी क्षुद्रता और सिद्धान्तहीनता रहती थी कि उसे सोचकर देह पर कीड़े रेंगने लगते थे। क्या ऐसे लोग ही उस समाज का निर्माण करेंगे जिसमें मनुष्य देव-गुणों से भरा होगा?

अनुराधा के मन में निराशा के धुन्ध का एक पहाड़ उठ खड़ा हुआ, लेकिन वह कुछ ही क्षणों में भयाधिक्य से उत्पन्न प्रेत की तरह लुप्त हो गया।

[29]

अनुराधा की ट्रेन देवल में दस बजे रात को पहुँची। उसका विश्वास था कि उस समय मीरा महाजन नवयुग एपार्टमेंट के अपने फ्लैट में अकेली कदापि नहीं होगी। वह या तो अपने किसी पुरुष मित्र के साथ होगी या फिर 'नया समाज भवन' में हीरालाल शास्त्री और उसके मित्रों के साथ अपनी थकान मिटा रही होगी। एक साल से, जब से वह नवयुग एपार्टमेंट में आई थी, उसने देखा था कि मीरा महाजन रात में शायद ही कभी अपने फ्लैट में रहती है। उसका कहना था कि वह दिन में पूरी क्षमता के साथ पुराने समाज के विनाश और नए समाज के उद्भव के लिए श्रम करती है, लेकिन रातों का उपयोग श्रम से जनित क्लान्ति को दूर करने के लिए करती है।

धीरे-धीरे स्वयं अनुराधा को भी इस बात का विश्वास होता गया था कि मीरा महाजन जिस तरह की जिन्दगी जी रही है उसी तरह की जिन्दगी उसके लिए भी उपयुक्त है। यद्यपि वह इस जिन्दगी में अन्धे रास्तों और गहरी खाइयों की उपस्थिति से परिचित थी, एक विचित्र तरह का मोह उसे उसकी तरफ खींचता था। लेकिन अक्सर ऐसे क्षण आते थे जब उसकी सारी उपलब्धियाँ अर्थहीन लगती थीं और उसका मन उनसे मुक्ति पाने के लिए छटपटा उठता था।

सारे मानसिक ऊहापोह के बावजूद उसने तय कियाँ कि वह हीरालाल के बँगले में ही रात बिताएगी और सुबह में अपने फ्लैट में जाएगी।

जब वह 'नया समाज भवन' पहुँची, रात के ग्यारह बज चुके थे, लेकिन वहाँ रात पूरी तरह जवान नहीं हुई थी। मीरा महाजन, जमूरी देवी, फूलगेंदा सहाय, हीरालाल शास्त्री, मोतीलाल गोस्वामी, पन्नालाल पंडित और एक अन्य व्यक्ति,

जिसे वह जानती नहीं थी, भोजन-कक्ष में कीमती मेज पर रखे सुस्वादु भोजन के साथ न्याय कर रहे थे। किसी विदेशी शराब की एक दर्जन बोतलें भी थीं जिनके प्रति पुरुषों और महिलाओं दोनों का समान रूप से आकर्षण था।

अनुराधा जब भोजन-कक्ष में पहुँची, सबने उसका हर्षध्वनि से स्वागत किया, और जमूरी देवी और फूलगेंदा सहाय दोनों ने एक-एक गिलास शराब उसके सामने पेश की।

जमूरी देवी ने जो फूलगेंदा सहाय से अधिक चुस्त-दुरुस्त थी, अपना गिलास अनुराधा के होंठों से लगा दिया और अनुराधा उसे एक साँस में पी गई, मानो वह उसकी प्रतीक्षा कर रही हो। जब फूलगेंदा सहाय ने अपना गिलास उसके होंठों से लगाया, तो उसने हँसते हुए उसे अलग कर दिया।

फूलगेंदा सहाय ने कहा, ''बेबी, कड़ी मेहनत की घड़ी आ रही है। देह में ताकत नहीं रहने से कष्ट होगा।''

सबने 'ब्रेबो!' कहकर तालियाँ बजाईं। अनुराधा ने मुस्कुराकर प्रोत्साहन को स्वीकार किया और यथाशीघ्र हाथ-मुँह धो और कपड़े बदल खाने की मेज पर आ गई।

उसे यह वातावरण बहुत अच्छा लग रहा था, विशेष रूप से इस कारण कि वह पिछले कुछ दिनों से जिस मानसिक तनाव में रह रही थी, वह खत्म हो गया था। उसके मन में एकाएक रोहितपुर की जिन्दगी के प्रति वितृष्णा का भाव भर गया और उसके अन्दर इच्छा बलवती हो उठी कि वह उससे सम्बद्ध अनुभवों के जहर से यथाशीघ्र मुक्ति पा ले जिससे घुटन समाप्त हो जाए। देवल में प्राप्त स्वतन्त्रता का महत्त्व उसकी समझ में आ रहा था और वह इस स्वतन्त्रता से प्राप्त होनेवाले आनन्द को खोने के लिए तैयार नहीं थी। यह उस नशे की तरह था जिसमें उसका सारा मानसिक तनाव डूब गया और इस भय से कि कहीं यह नशा उतर न जाए, वह पूरे उत्साह और स्वच्छन्दता से भोजन में शामिल हो गई।

कुछ ही मिनटों में भोजन की मेज गम्भीर वैचारिक मन्थन से पुनः बोझिल हो गई—वामपन्थी क्रान्ति दल के नेता वातावरण की गम्भीरता को जीवन के हर पल में अक्षुण्ण रखना चाहते थे—और सभी उस विषय पर लौट आए जिस पर अनुराधा के आने के पहले, वे सैद्धान्तिक बहस में संलग्न थे।

जमूरी देवी ने अपने शराब के गिलास को भरा और एक घूँट लेती हुई बोली, ''हाँ, मैं कह रही थी कि पुरुषों को भी अपनी जिम्मेवारी निभाने से नहीं भागना चाहिए। महिलाओं के लिए संसद में, विधानसभाओं में और सरकारी और गैरसरकारी नौकरियों में तीस प्रतिशत का आरक्षण होना चाहिए, उससे अधिक नहीं। शेष सत्तर प्रतिशत पर पुरुष-महिला दोनों का अधिकार होना चाहिए। जो

मेरिट से आए, सीट उसी की। आखिर पुरुष भी समाज के अंग हैं, बल्कि यह कहिए कि पुरुष और महिला समाजरूपी गाड़ी के दो पहिए हैं। इन दोनों पहियों को बराबर होना चाहिए, इससे भिन्न कुछ नहीं।''

हीरालाल शास्त्री ने कहा, ''प्यारी जमूरी देवी, आपने बहुत गूढ़ बात बताई कि पुरुष और महिला समाजरूपी गाड़ी के दो पहिए हैं और इन्हें जीवन के हर क्षेत्र में बराबर अधिकार मिलना चाहिए। इसी कारण मैं कहता हूँ कि महिला को संसद में, विधानसभाओं में और सभी निर्वाचित संस्थाओं में, और सरकारी और गैरसरकारी नौकरियों में सत्तर प्रतिशत सीटों का आरक्षण होना चाहिए। शेष तीस प्रतिशत सीटों पर पुरुष और महिला का समान अधिकार होना चाहिए। इन सीटों के लिए चुनाव का आधार मेरिट होना चाहिए, अन्य कुछ नहीं।''

मोतीलाल गोस्वामी और पन्नालाल पंडित ने हाथ उठाकर और उपयुक्त आवाजें निकालकर—उनके मुँह खाद्य-सामग्री से भरे थे, अतएव वे बोलने में असमर्थ थे—हीरालाल का समर्थन किया। दोनों ने मेजें थपथपाकर प्रस्ताव का स्वागत किया। हीरालाल सुदेश की संसद का सदस्य था, इस कारण उसकी हर बात का विशेष वजन था और वामपन्थी क्रान्ति दल के उससे छोटे कद के नेता उसका विरोध करने का दुस्साहस नहीं करते थे। लेकिन वामपन्थी क्रान्ति दल की नेत्रियों की बात कुछ और थी। वे पुरुषों के समान अधिकार की बात करते हुए भी असमान अधिकारवाली थीं, उनके पुरुष साथी हर बात में उन्हें प्राथमिकता देते थे और उन्हें प्रसन्न रखने के लिए सदा तत्पर रहते थे।

फूलगेंदा सहाय ने हीरालाल के सुझाव को ठुकराते हुए कहा, ''नहीं, मैं महिलाओं को पचास प्रतिशत से अधिक आरक्षण देने के लिए तैयार नहीं। पुरुषों को अपनी जिम्मेवारी निभाने से कतराना नहीं चाहिए। इस नए जमाने में महिलाएँ आगे चलने के लिए तैयार हैं। लेकिन वे चाहेंगी कि पुरुष लोग उनके पीछे-पीछे जरूर चलें। यदि लाठी ही नहीं हो तो झंडा कैसे फहरेगा?''

जमूरी देवी बोली, ''यदि सभी पक्षों को स्वीकार हो तो मैं महिलाओं के लिए आरक्षण का प्रतिशत पचास करने के लिए तैयार हूँ लेकिन उससे अधिक एक प्रतिशत भी नहीं। आखिर न्याय भी कोई चीज है। क्या न्याय की माँग यह नहीं कि सबको बराबर अधिकार मिलना चाहिए और लिंग, जाति, धर्म, स्थान या अन्य किसी आधार पर कोई भेदभाव नहीं होना चाहिए? महिलाओं के लिए पचास प्रतिशत से अधिक आरक्षण होने से लिंग के आधार पर अन्याय होगा।''

मोतीलाल गोस्वामी ने कहा, ''प्यारी देवियो, हमारा नया समाज महिला को न्याय से ऊपर रखने को तैयार है। क्या हमारे प्राचीन ग्रन्थ यह नहीं कहते कि

समाज में महिला की पूजा होनी चाहिए? इस कारण महिला को किसी भी क्षेत्र में सत्तर प्रतिशत से कम आरक्षण नहीं मिलना चाहिए।''

पन्नालाल पंडित बोला, ''देवियो और सज्जनो, एक बात और है जिसे महिला-वर्ग का आरक्षण कोटा तय करते समय ध्यान में रखना चाहिए। वह यह है कि महिला-वर्ग के लिए तीस प्रतिशत आरक्षण हो, पचास प्रतिशत हो या सत्तर प्रतिशत हो, कोई अन्तर नहीं पड़ता क्योंकि होगा वही जो पुरुष-वर्ग चाहेगा। पुरुष-वर्ग मस्तिष्क है और महिला-वर्ग जिह्वा; मस्तिष्क में जो विचार आएँगे, जिह्वा उन्हें ही वाणी देगी। इस कारण उचित यही है कि महिला को शत-प्रतिशत आरक्षण मिले। इससे पुरुष और महिला की असमानता बहुत अंशों में दूर होगी।''

सभी पुरुषों ने पन्नालाल पंडित का समर्थन किया क्योंकि उसने जो कहा था, वह महिला-वर्ग के कल्याण के लिए था। जमूरी देवी और फूलगेंदा सहाय ने एक-दूसरे की तरफ देखा और उनकी आँखों में चमक आ गई। मीरा महाजन और अनुराधा ने एक-दूसरे की तरफ देखा और मुस्कुरा पड़ीं, लेकिन कुछ बोली नहीं।

जमूरी देवी ने बहस का समापन करते हुए कहा, ''यदि सबकी यही राय है तो हम महिलाएँ अपने लिए सत्तर प्रतिशत आरक्षण के लिए सहमत हैं। लेकिन पुरुष-वर्ग को हर क्षण हमारे पीछे खड़ा रहना होगा। हम महिलाएँ अपनी ड्यूटी के लिए तैयार हैं लेकिन पुरुषों को भी अपनी ड्यूटी नहीं भूलनी है। पुरुषों को इस महान सत्य को नहीं भूलना चाहिए कि पुरुष और महिला एक ही गाड़ी के दो पहिए हैं और गाड़ी ठीक से तभी चलेगी जब पहिए करीब-करीब बराबर हों।''

एक विवादास्पद समस्या का सर्वमान्य हल निकल जाने से सबके दिल हलके हो गए और वे नए उत्साह के साथ खाद्य और पेय सामग्री की तरफ उन्मुख हुए।

भोजन समाप्त होने के बाद अनुराधा ने हाथ हिलाकर विदा ली और हीरालाल शास्त्री के शयन-कक्ष में इस उन्मुक्तता से चली गई, जैसे वह उसके पति का कमरा हो।

जमूरी देवी, फूलगेंदा सहाय और मीरा महाजन ने उसे प्रसन्नता से टा-टा कहकर विदा किया, जैसे वह पटरानी हो और उसे प्राथमिकता का पूरा अधिकार हो। तदनन्तर वे मोतीलाल गोस्वामी, पन्नालाल पंडित और दोनों नवागतों के साथ उस बड़े कमरे में चली गईं जिसमें वामपन्थी क्रान्ति दल के नेताओं की अक्सर बैठकें होती थीं और रात्रि में सामूहिक विश्राम होता था।

हीरालाल ने हाथ हिलाकर उन्हें 'गुड नाइट' कहा, फिर मन्त्रणा कक्ष के किवाड़ सटा दिए। इसके बाद उसने अपने शयन-कक्ष में प्रवेश कर भीतर से चिटकनी चढ़ा दी।

[30]

अनुराधा को हीरालाल शास्त्री की बाँहों में ही नींद आ गई। जब तीन-चार घंटे बाद उसकी नींद खुली तो उसका नशा पूरी तरह उतर चुका था। हीरालाल शास्त्री की नाक आज अधिक ऊँची आवाज में बज रही थी और आवाज में अधिक विविधता थी। अनुराधा को इससे बहुत झल्लाहट हुई क्योंकि उसका ध्यान हीरालाल की नाक से नींद में निकलनेवाली भयंकर आवाजों पर कम ही जाता था और उसने उसके चेहरे को चादर से ढँक दिया।

वह गुसलखाने में गई और पूरी देह को इस तरह धोया जैसे गन्दगी चमड़े के नीचे समा गई हो और कपड़े बदलकर शयन-कक्ष में लौटी। यहाँ उसे अजीब विकर्षक गन्ध की प्रतीति हुई—यह हीरालाल की देह की गन्ध थी—और उसने साफ हवा आने देने के लिए कमरे की खिड़की के परदे हटा दिए और पंखे खोल दिए। हवा में ठंडक थी, इससे उसे राहत मिली।

हीरालाल ने अर्द्धजागरण की अवस्था में, चादर से पूरी तरह देह को ढँक लिया और नमक के बोरे की तरह गोल होकर खर्राटे भरने लगा।

अनुराधा की देह में सिहरन हो गई। वह एक कुर्सी पर बैठ गई और बाहर देखने लगी।

खिड़की के ठीक सामने एक दसमंजिला होटल था। वह एक मोटे चौकोर खम्भे की तरह ऊपर उठता हुआ आसमान को छू रहा था और बाहर के दृश्य को पूरी तरह ढँके हुए था। होटल के हर तल्ले पर बत्तियाँ जल रही थीं, लेकिन इससे विशालकाय खम्भे की रहस्यमयता और भयावहता बढ़ गई थी और वह अनेक आँखोंवाले राक्षस की तरह लग रहा था।

अनुराधा ने उसकी तरफ ध्यान से देखा ताकि वह एक दसमंजिला भवन की तरह दीखे और उसका भय कम हो। लेकिन राक्षस की आँखें विद्वेष से चमकने लगीं और उसके चेहरे पर एक क्रूर मुस्कान उभर आई। अनुराधा ने अपनी आँखें उधर से हटा लीं और कमरे की दीवालों पर टँगी वामपन्थी क्रान्ति के नेताओं की तस्वीरें देखने लगी। आधा दर्जन से ऊपर तस्वीरें थीं, जिनमें से कुछ मूँछ और दाढ़ीवाले चेहरे थे और कुछ सफाचट थे लेकिन सभी समान रूप से गम्भीर थे, मानो शेषनाग की तरह पूरी धरती का बोझ उनके सिर पर हो।

उसने तस्वीरों को ध्यान से देखा और पाया कि उनकी आँखों में वही चमक है जो खिड़की के बाहर के राक्षस की आँखों में है। उसे लगा कि वे सभी प्रवंचक हैं और उस मंच और कला का जिसके रहस्यों का भेदन आसान नहीं, उपयोग दूसरों का शोषण करने के लिए करते हैं।

कमरे में लाल रंग के कई पर्दे लगे थे और लाल रंग की ही, कम रोशनीवाली, बत्ती जल रही थी। एकाएक उसे इस लाल रंग से डर लगने लगा। उसे लगा कि कमरा किसी ऐसे तन्त्रगृह में बदल गया जिसमें मदिरा और हविष्य-धूम से संज्ञाहीन कर मनुष्य की बलि दी जाती है।

उसने इस भ्रम से मुक्ति पाने के लिए अपनी आँखों को मला और अपने सिर को जोर से झटका दिया। नहीं, वैसा कुछ नहीं था जैसा दो मिनट पहले उसे लगा था। कमरे की लाली लहू के रंग का खयाल अवश्य पैदा करती थी, लेकिन कमरा उतना भयानक नहीं था जितना उसे लगा था।

इस बीच हीरालाल की नाक से निकलनेवाली आवाज अधिक ऊँची और विविधतापूर्ण हो गई थी और उसकी निकटता से ही उसके रोंगटे खड़े हो गए थे। उसने अपने मन में उठनेवाले तूफान पर विजय पाने की कोशिश की ताकि वह अपने वर्तमान और भविष्य के सम्बन्ध में कुछ सोच सके। जब सुजाता ने कहा था कि औरत मर्द के बिना नहीं रह सकती, तो उसके मस्तिष्क में अनेक प्रश्न उठे थे, लेकिन उसे ऐसा कोई उत्तर नहीं मिला था जो उसे जँचे। उन्होंने उसके मस्तिष्क की उलझन को घटाने के बदले बढ़ा दिया था। रात में भोजन के समय और उसके बाद हीरालाल की बाँहों में, उसने अपने मन की उलझन को नशे में डुबाने की कोशिश की थी लेकिन उसकी बेचैनी बढ़ती गई थी और वह तरह-तरह के डरावने सपने देखती रही थी।

उसने सोचा—'सुजाता ने शायद ठीक कहा था। पुरुष के बिना नारी का जीवन अधूरा है। वह अकेली रह तो सकती है, लेकिन उस हालत में क्या वह एक बाँझ गाय से कुछ अधिक होगी?' उसके मस्तिष्क में हीरालाल से उसके सम्बन्ध की बात आई और उसके रोंगटे खड़े हो गए। हीरालाल उसका पति नहीं था, वह उसका प्रेमी भी नहीं था—उनके सम्बन्धों में दो में से किसी तरफ से भी प्रेम के अस्तित्व की बात सोचना गलत था। वह उसके लिए सिर्फ एक उत्प्रेरक की तरह था, जिसने अपने लाभ के लिए उसे एक विशेष साँचे में ढालने की कोशिश की थी। यह सोचना भी गलत था कि उसका प्रयास असफल रहा था। क्या उसने स्वयं इस नए सम्बन्ध के स्थापित हो जाने के बाद अपने सौभाग्य पर गर्व नहीं किया था? उसने अपनी नई भूमिका में पिछले दो वर्षों से गौरवान्वित महसूस किया था और असाधारणता के बोध ने उसे पास-पड़ोस की दुनिया से अन्धा बना दिया था। लेकिन खुशी और गर्व के चरमोत्कर्ष के दिनों में भी उसके मन में एक गाँठ थी, जो कभी-कभी टीसती थी। यद्यपि वह उसे भूलने का प्रयास करती थी, लेकिन उसका प्रयत्न असफल रहता था।

रोहितपुर में जब उसने चित्रा की बेचैनी देखी तो उसे लगा कि उसके मन

में भी वही गाँठ है, पति और पति का घर रहते हुए भी वह अकेली है। फिर स्त्री के जीवन में पुरुष के होने का अर्थ क्या है? उसने सोचा—'क्या चित्रा का अकेलापन इस कारण है कि उसे उसका पति प्यार नहीं करता? क्या वह इस कारण है कि उसे कोई सन्तान नहीं है? क्या वह इस कारण है कि उसके जीवन में आत्मानन्द के सिवा अन्य कोई उद्देश्य नहीं? क्या उसके अपने जीवन में चित्रा के जीवन से अधिक खोखलापन नहीं? क्या हीरालाल से उसका सम्बन्ध किसी सम्मानित रखैल से कुछ अधिक है? क्या उसके जीवन में भी आत्मानन्द के सिवा अन्य कोई उद्देश्य है?'

अपने जीवन के खोखलेपन का बोध असह्य पीड़ा बनकर उसके हृदय को बेधने लगा। उसे मीरा महाजन, जमूरी देवी, फूलगेंदा सहाय और अन्य महिला नेताओं का खयाल आया जो उसी की तरह की जिन्दगी जी रही थीं। खोखलेपन का बोध उन्हें भी अवश्य ही उत्पीड़ित करता होगा। क्या कारण है कि उसने उनके चेहरे पर उदासी या असन्तोष का भाव कभी नहीं देखा? उनका व्यवहार हमेशा ऐसा रहा मानो वे ऐसी जिन्दगी से बहुत खुश हैं। क्या वे भी अन्दर ही अन्दर उसी पीड़ा की शिकार हैं जिसकी वह स्वयं है?

उसने नमक का बोरा बने हीरालाल पर फिर दृष्टि डाली, यह जानने के लिए कि यह प्रश्न उसके मन में क्यों नहीं उठा कि वह इस आदमी की रखैल बनकर इतने दिनों से कैसे रह रही है? क्या इसके लिए देवल में उसके जीवन में अचानक आया परिवर्तन जिम्मेवार था? क्या रोहितपुर की जिन्दगी में होनेवाले उथल-पुथल ने उसके विचारों को एक नई दिशा दी?

ये ऐसे प्रश्न थे जिनके उत्तर आसानी से नहीं मिल सकते थे और वह पलँग पर पड़े बोरे को एकटक देखती रही। शायद उसकी नजरों की गर्मी के कारण हीरालाल की नींद खुल गई और उसने आँखें मूँदे हुए ही हाथ उस तरफ बढ़ा दिए जिस तरफ अनुराधा सोई थी। उसे वहाँ नहीं पाकर वह उठा बैठा और उस पर नजर पड़ते ही किंचित् आश्चर्य से बोला, "अलग क्यों बैठी हो, मेरी बुलबुल? क्या इस बूढ़े से मन भर गया?"

हीरालाल का चेहरा बासी पावरोटी की तरह था और आँखें कालिख से भरी लालटेन की बुझती हुई बाती की तरह थीं। अनुराधा की देह एक बार फिर सिहर उठी। लेकिन उसने, आदतवश, उसे खुश करने के लिए कहा, "साथी, क्या वह कहावत आपको याद नहीं कि पुराना चावल भी पथ्य होता है? पुराने चावल की अवहेलना कोई मूर्ख ही करेगा।"

हीरालाल खुश हो गया। उसने कहा, "तब दूर क्यों बैठी हो, मेरी मैना? अभी रात बाकी है। आकर मेरी बगल में लेटो।"

अनुराधा बोली, "लगता है, कल की लम्बी यात्रा के चलते मेरा सिर फट रहा है। यहाँ बैठने से कुछ राहत मिल रही है। वैसे सबेरा हो गया, अब सोने का समय नहीं रहा।"

हीरालाल फिर लेट गया, और दो मिनट के अन्दर उसकी नाक तरह-तरह की आवाजें निकालने लगी।

अनुराधा ने कमरे से बाहर निकलकर दरवाजे को भिड़का दिया और जाकर बालकनी में बैठ गई। शरद का अन्तिम चरण था, और ठंडी हवा से देह में सिहरन होती थी। लेकिन इससे दमघोंटू वातावरण से मुक्ति का एहसास होता था चाहे वह क्षणिक ही क्यों न हो।

देवल का वह भाग, जो बालकनी से दिखाई पड़ रहा था, असंख्य रंगबिरंगी बत्तियों के कारण ऐसा लग रहा था जैसे आसमान में बसी कोई स्वप्न-नगरी हो! अनुराधा का मन पिंजड़े में बन्द पंछी की तरह तड़प उठा। लेकिन उसे स्पष्ट नहीं था कि वह चाहती क्या है। क्या वह अपनी वर्तमान परिस्थितियों से मुक्ति चाहती है? क्या वह अपनी जिन्दगी को नए साँचे में ढालना चाहती है? क्या वह इन बन्धनों से मुक्ति पा सकती है, जिन्होंने उसकी जिन्दगी को जकड़ रखा है? क्या वह इन सुविधाओं के बिना रह पाएगी, जो उसकी जिन्दगी में अनायास ही आ गई हैं? क्या ऐसी दर्जनों औरतें, जिन्हें वह समीप से जानती है और जो समाज में अत्यन्त प्रतिष्ठित स्थानों पर हैं, उसी की तरह की जिन्दगी नहीं जी रही हैं? क्या वे अपने जीवन से उसी तरह असन्तुष्ट हैं जिस तरह वह स्वयं है?

वह बालकनी से उठी और उस कमरे के दरवाजे के पास गई जिसमें मीरा महाजन, जमूरी देवी और फूलगेंदा सहाय वामपन्थी क्रान्ति दल के चार नेताओं के साथ सोई थीं। दरवाजा थोड़ा खुला था लेकिन अन्दर घुप्प अँधेरा था जिससे वहाँ कुछ भी देख पाना कठिन था। उसने एक पुरुष और एक नारी की फुसफुसाहट सुनी और बिना किसी योजना के, दरवाजे की बगल में खड़ी हो गई। दूसरे मिनट ही फुसफुसाहट की आवाज हलकी हँसी में बदल गई। प्रसन्नता और पूर्णता की हँसी, जिसमें वांछित वस्तु की प्राप्ति का सन्तोष था।

अनुराधा के हृदय पर आघात लगा और वह बालकनी में लौट गई।

[31]

आधे घंटे में आसमान साफ हो गया। वह उठी और हीरालाल शास्त्री या अन्य किसी को जगाए बिना, सिर्फ दरबान को सूचित कर, 'नया समाज भवन' के बाहर आई और नवयुग एपार्टमेंट के लिए रवाना हो गई। उसने टैक्सी में गहरी

साँस ली, मानो उसे घंटों बाद ऑक्सीजनवाली हवा मिली हो! उसने अपने मन को विचारों के जंगल में खोने से रोकने और एक स्थान पर बाँधकर रखने की कोशिश की ताकि वह मुक्ति का आनन्द ले सके। अपने फ्लैट में पहुँचते-पहुँचते उसके मन की उद्विग्नता कम हो गई और वह अपने सामान जैसे-तैसे रखकर सो गई।

उसकी नींद कई घंटे बाद खुली जब ग्यारह बजे, नया समाज भवन से लौटकर मीरा महाजन ने उसके फ्लैट की घंटी बजाई। मीरा महाजन ने उसके पलँग पर उसकी बगल में बैठते हुए कहा, "अनु, तुम किसी से कुछ कहे बिना भाग क्यों आईं? वहाँ खूब मजा रहा।"

अनुराधा ने जवाब दिया, "दीदी, मैं रात में ठीक से सो नहीं पाई। लम्बी यात्रा से आने के कारण बहुत थक गई थी। फ्लैट में आकर खूब सोई।"

मीरा महाजन ने हँसकर कहा, "अनु, एक कहावत है कि जो सोता है, वह खोता है। कहावत बिलकुल ठीक है। आज सुबह की मजलिस रात्रिभोज से भी अच्छी रही। ऐसा मौका बार-बार नहीं आता।"

अनुराधा समझ गई कि मीरा उसकी उत्सुकता को जगाकर उससे तरह-तरह के प्रश्न कराना चाहती है। उसने अनाशक्त भाव से कहा, "अच्छे मित्रों का साथ है तो अच्छे अवसर बार-बार आएँगे। निराश होकर आदमी मन को कष्ट क्यों दे?"

एक क्षण बाद मीरा महाजन बोली, "जानती हो अनु, सुबह की मजलिस में ऐसी बात हुई जिसे सुनकर तुम खुशी से उछल पड़ोगी।"

"क्या हुआ, दीदी?"

"साथी हीरालाल ने वामपन्थी क्रान्ति दल के सिद्धान्तों के प्रचार के लिए एक ऐसी योजना की सूचना दी जिसकी चर्चा बहुत दिनों से थी, लेकिन जो अनेक कारणों से मूर्त रूप नहीं ले पा रही थी। आज उन्होंने बताया कि पूरा कार्यक्रम तय हो गया है। वस्तुतः उसी को सेलिब्रेट करने के लिए कल का विशेष आयोजन था।"

"वामपन्थी क्रान्ति के सिद्धान्तों के प्रचार के लिए कौन-सा कार्यक्रम तय हुआ है, दीदी?"

मीरा महाजन ने उत्साह से भरा, "क्रान्ति रथ में बैठकर सुदेश के उत्तरी प्रान्तों में एक महीने तक घूमना है और भाषण करना है। हर रोज एक-दो भाषण होंगे, फिर भोजन और विश्राम। मैं उन प्रान्तों में कभी नहीं गई। वहाँ वामपन्थी क्रान्ति दल के शक्तिशाली मित्रों के अड्डे हैं। हमारा वहाँ जोश-खरोश से स्वागत होगा। खूब मजा आएगा।"

अनुराधा भी उन प्रान्तों में कभी नहीं गई थी। उसने पढ़ा था कि उनके अधिकांश भाग जंगलों और पहाड़ों से घिरे हैं। हजारों मील लम्बे और उतने ही चौड़े क्षेत्र में ऐसी ऊँची पर्वत-शृंखलाएँ हैं जिन पर सालों भर बर्फ जमी रहती है। वहाँ बीसों झील, झरने और नदियाँ हैं जो इस क्षेत्र को नन्दन कानन में बदल देती हैं। अनुराधा का मन इन प्रान्तों को समीप से देखने के लिए छटपटा उठा। उसके अन्दर मुक्ति की प्रबल आशा जगी और इस कारण उसकी छटपटाहट अधिक तेज हो गई। मुक्ति की आशा घने कुहरे के अन्दर जलनेवाले दीप की तरह थी जिसमें इतना क्षीण प्रकाश था कि उसका सिर्फ अस्तित्व-बोध होता था, लेकिन यही उसके हृदय में ऐसी ऊष्मा पैदा करने के लिए पर्याप्त था जिसमें उदासी की बर्फ पिघल गई। मन के अन्दर की गाँठ ज्यों-की-त्यों थी, लेकिन उसके अस्तित्व से होनेवाला दर्द कम हो गया। उसके अन्दर तरह-तरह की आशंकाएँ जगीं, लेकिन उसने उनकी अनदेखी की। उसने सोचा, 'शायद यह अवसर मेरे लिए नई जिन्दगी की कुंजी है। इसे चूकना एक भारी गलती होगी।'

उसने कहा, "दीदी, यदि महीनेभर की यात्रा है तो भारी-भरकम इन्तजाम होगा!"

मीरा महाजन ने उत्साह से चहकते हुए कहा, "साथी हीरालाल ने बताया कि दो गाड़ियाँ रहेंगी, दोनों लक्जरी बसें। ज्यादा भी रह सकती हैं। चार नेत्रियाँ रहेंगी—जमूरी देवी, फूलगेंदा सहाय, अनुराधा सिंह और मीरा महाजन। चार नेता रहेंगे—हीरालाल शास्त्री, मोतीलाल गोस्वामी, पन्नालाल पंडित और मूँगालाल शर्मा। आधा दर्जन सेवक रहेंगे और उतने ही सुरक्षाकर्मी रहेंगे। दोनों गाड़ियों में हर सुख-सुविधा की व्यवस्था रहेगी। हम जहाँ-जहाँ जाएँगे, वहाँ हमारे स्वागत का दायित्व स्थानीय कर्मचारियों पर होगा। हमारा काम द्वन्द्वात्मक भौतिकवाद और वामपन्थी क्रान्ति के सिद्धान्तों का निरूपण होगा और स्थानीय नेताओं का काम होगा हमारे अभियान की उचित व्यवस्था करना। हर स्थान पर हमारे विश्राम और मनोरंजन की भी उचित व्यवस्था रहेगी।"

फिर कुछ नीची आवाज में बोली, "सुना है, उस क्षेत्र के अधिकांश लोग अशिक्षित हैं। ऐसे लोगों के बीच द्वन्द्वात्मक भौतिकवाद के सिद्धान्तों को समझाने के लिए बहुत माथापच्ची नहीं करना पड़ेगा। जो कह दीजिए, वही उन लोगों के लिए ईश्वर-वाणी है। क्रान्ति रथ हमारे लिए राजरथ से कम आनन्ददायक नहीं होगा।"

अनुराधा मीरा महाजन का अभिप्राय अच्छी तरह समझ रही थी। एक क्षण के लिए उसकी इच्छा हुई थी कि अभियान से अपने-आपको को अलग रखे। लेकिन उन प्रान्तों को देखने की उसकी इच्छा इतनी प्रबल थी कि सारी

आशंकाओं के बावजूद दिल की खुशी ने चेहरे पर लाली और आँखों में चमक ला दी। वह जानती थी कि उसे इस यात्रा में वह सबकुछ करना पड़ सकता था जो उसे अप्रिय था और जिससे वह बचती रही थी। लेकिन उसने इन आशंकाओं से आँखें मोड़ लेने का और सबकुछ भाग्य पर छोड़ने का निश्चय किया। उसने अपनी खुशी को दबाते हुए कहा, "दीदी, इन प्रान्तों में अक्सर धर्म और सम्प्रदाय के आधार पर रक्तपात होता है। वे लोग हमारा नुकसान भी कर सकते हैं। क्या ऐसे लोगों से अलग रहने में ही होशियारी नहीं? क्या इतने तामझाम के साथ ऐसे क्षेत्रों में जाना उचित है जहाँ जान का खतरा है?"

मीरा महाजन ने उत्तर दिया, "बेबी, वामपन्थी क्रान्ति के समर्थकों का जाल सुदेश के हर भाग में बिछा है। उसके मित्र ऐसे स्थानों में भी हैं जहाँ उनके होने की कल्पना भी नहीं की जा सकती। हमारा दल द्वन्द्व और हिंसा से प्रगति और समृद्धि लाने में विश्वास करता है। इस दल में नारी का विशेष स्थान है। क्या हमारे धर्मग्रन्थों में नहीं लिखा है कि जहाँ नारी की पूजा होती है वहाँ देवता बसते हैं? इस यात्रा में हमारा भरपूर स्वागत होगा और यह अभियान बहुत दिनों तक स्मरणीय रहेगा। हम औरतें मर्दों से बराबरी की माँग करती हैं, लेकिन हम जन्मजात रूप से उनसे श्रेष्ठतर हैं। हर स्थान पर लोग इस बात को समझते हैं और सभी नारी को खुश करने के लिए उसे सिर-आँखों पर बिठाने के लिए तैयार रहते हैं।"

अनुराधा ने पूछा, "दीदी, क्या औरतें मर्दों से सचमुच अच्छी होती हैं? क्या उनमें पुरुषों से अधिक दया, निःस्वार्थता और सेवा-भावना होती है?"

ये प्रश्न अनुराधा के होंठों पर अनायास आ गए थे। मीरा महाजन की आँखों में एक शैतानी-भरी मुस्कुराहट प्रकट हो गई, लेकिन वह कुछ बोली नहीं।

[32]

मीरा महाजन के साथ बातचीत में अनुराधा ने सामाजिक क्रान्ति रथ के अभियान में जाने की सहमति जाहिर की थी, उन प्रान्तों के प्रति जहाँ रथ को जाना था, उसका प्रबल आकर्षण था और एक बार उन्हें देखने की उसकी तीव्र इच्छा थी। उसने अपने मस्तिष्क के क्षितिज पर उठी काली छाया को भूलने की कोशिश की जिसने उस सुन्दर, रंगीन तस्वीर को, जो वहाँ उभरी थी, एक डरावना पक्ष दे दिया था। लेकिन दो-चार दिनों के अन्दर ही उसका निर्णय ढीला पड़ने लगा और उचित-अनुचित के विचार उसके मस्तिष्क को आन्दोलित करने लगे। वामपन्थी क्रान्ति रथ के अभियान के प्रारम्भ होने में तीन महीने की देर थी, इस कारण

उसके आकर्षण का दबाव कम था और यह विचारों की आँधी के लिए प्रभावकारी प्रोत्साहन था।

वह हीरालाल के प्रति अनुगृहीत थी, लेकिन उसका स्मरण उसके अन्दर एक विरोध-भावना को भी जगाता था, मानो उसके साथ सम्बन्ध होने से वह अपमानित हो गई हो। लेकिन दूसरे ही क्षण उसे सुजाता की वह बात याद आती थी कि औरत अकेली नहीं रह सकती और उसे लगता कि इसमें सच्चाई है। फिर वह सोचती, 'क्या वह हीरालाल के साथ रह सकती है जो उसकी जिन्दगी में आया एकमात्र पुरुष है?' क्या वह किसी साधारण औरत की तरह शादी करके अपना अलग घर बसा सकती है? जब उसने एक ऐसे घर की कल्पना की जिसमें वह पति और बच्चों के साथ रह रही है, तो उसके कलेजे में तीर चुभ गया और आँखों में आँसू आ गए।

उसने आँखों को मला ताकि आँसू बाहर नहीं निकलें और विचारों की धारा को मोड़ने की कोशिश की। उसके लिए यही जिन्दगी ठीक है जो वह जी रही है; पारिवारिक जीवन की कल्पना करना भी उचित नहीं। वह वैसी ही जिन्दगी जीएगी जैसी मीरा महाजन, जमूरी देवी, फूलगेंदा सहाय और अन्य सैकड़ों औरतें जी रही हैं। वह आजीवन एक लोक-नारी रहेगी, जनता की सेवा करेगी और सुदेश में वामपन्थी क्रान्ति लाने की कोशिश करेगी। वह किसी एक विशेष पुरुष की पत्नी नहीं होगी, बल्कि उन सभी पुरुषों की अंकशायिनी बनेगी जो उसमें रुचि लेंगे। उसके बदले में उसे हर तरह की सुखि-सुविधा मिलेगी, वह शक्ति-सम्पन्न लोगों के बीच कुर्सी पाएगी और उसे हर विषय पर टिप्पणी करने की आजादी होगी। वह बड़ी-बड़ी सभाओं में आगे बैठेगी, और द्वन्द्वात्मक भौतिकवाद और वामपन्थी क्रान्ति पर अग्नि-स्नात भाषण देगी। यह बात महत्त्वहीन है कि वह अपनी ही बातों का अर्थ समझ नहीं पाएगी, लेकिन वाग्जाल और आवाज का घनत्व इतना अधिक होगा कि उसके भाषणों के समय श्रोताओं के मुँह आश्चर्य और भय से आधे खुले रहेंगे और भाषणों के अन्त में तालियों की गड़गड़ाहट और प्रशंसा-ध्वनि के गर्जन से क्षितिज प्रतिध्वनित होता रहेगा।

उसने पिछले दो वर्षों से इस तरह के जीवन का अनुभव किया था। इसमें कुछ समय के लिए उत्साह और उमंग का ऐसा नशा चढ़ता था कि वह आत्म-विस्मृति के सागर में निमग्न हो जाती थी। लेकिन उसके बाद ये विचार उसके मस्तिष्क में जहर भर देते थे। उसने उनसे मुक्ति पाने की कोशिश की, लेकिन ये बार-बार, बरसात की पहली वर्षा में गन्दे पानी पर बननेवाले बुलबुलों की तरह प्रकट हो जाते थे। उसने उनसे मुक्ति पाने के लिए नवयुग महाविद्यालय में अपने काम में स्वयं को भूलने का प्रयास किया, लेकिन वह उसे सस्ता और

प्रयोजनहीन लगता और मन उन जनसभाओं के लिए व्यग्र हो जाता जिनमें वह एक विशेष व्यक्ति की तरह सम्मानित होती थी और जहाँ हजारों लोग उसे देखने के लिए और उसकी आवाज सुनने के लिए बेचैन रहते। पिछले दो वर्षों में वह एक अच्छे वक्ता के रूप में प्रसिद्धि पा चुकी थी और श्रोताओं की करतल-ध्वनि और शाबाशी की अभ्यस्त हो चुकी थी। यह भी एक नशे की तरह था और इससे मुक्ति पाना उतना आसान नहीं था जितना उत्तेजना के क्षणों में उसने कभी-कभी सोचा था। लेकिन उसने नया समाज भवन में जाना कम कर दिया और महाविद्यालय से लौटने के बाद अपना अधिक समय अपने फ्लैट में ही बिताने लगी। मीरा महाजन कभी-कभी उसके फ्लैट में ही आ जाती और वामपन्थी क्रान्ति दल द्वारा संचालित सामाजिक और राजनीतिक आन्दोलनों की सोत्साह चर्चा करती। दल के कार्यक्रमों में आन्दोलनात्मक योजनाओं की प्रमुखता थी ताकि समाज में हिंसा और रक्तपात का बोलबाला रहे। मीरा महाजन इन आन्दोलनों में महिलाओं की भूमिका पर विशेष रूप से प्रकाश डालती। उसकी वामपन्थी क्रान्ति दल में भक्ति और उसके कार्यक्रमों में उत्साह की उत्तरोत्तर वृद्धि हो रही थी, और अनुराधा को विश्वास था कि उचित समय पर संसद का सदस्य बनने से उसे कोई रोक नहीं सकता था। उसका व्यक्तित्व इतना प्रभावकारी था कि उभयपन्थी दल, जिसका नेता सुकर्ण अपनी माँ सुदीर्घनासा की हत्या के बाद सुदेश का प्रधानमन्त्री था, के अनेक महाबली उसके प्रशंसक थे और वह कभी-कभी गुप्त रूप से, दल बदलने की बात गम्भीरता से सोचती थी। लेकिन उसने इस सम्बन्ध में निर्णय भवि[illegible] पर छोड़ दिया था और वर्तमान का अधिक से अधिक सदुपयोग करने का निश्चय किया था।

वह द्वन्द्वात्मक भौतिकवाद के महत्त्व पर प्रकाश डालते हुए अनुराधा से कहती—"प्यारी अनु, द्वन्द्वात्मक भौतिकवाद की मान्यता है कि व्यक्ति के कल्याण में ही समष्टि का कल्याण है। वामपन्थी क्रान्ति दल यह कदापि नहीं कहता कि यदि व्यक्ति के कल्याण और समष्टि के कल्याण में संघर्ष हो तो समष्टि की भलाई को प्रधानता दी जाए। अव्वल तो यह है कि इस प्रकार का कोई संघर्ष होता ही नहीं और मान लो कि कभी हो भी जाए तो उसमें व्यक्ति का स्थान हमेशा ऊपर होता है। इस कारण हमें हर तरह के सन्देह का त्याग कर वामपन्थी क्रान्ति के आन्दोलन में भाग लेना चाहिए। जिस क्षण हमें ऐसा लगे कि हमारे स्वार्थ पर किसी तरह का आघात हो रहा है, उस क्षण हमें अपना स्थान बदलने की पूरी आजादी है। हमें अपने वर्तमान को प्रशिक्षण काल मानना चाहिए जिसमें हमें भविष्य के निर्माण के लिए सुसज्जित होना है। क्या तुम जानती हो कि मैं ये बातें क्यों कह रही हूँ? मैं ये बातें इस कारण कह रही हूँ क्योंकि तुमने कुछ

दिनों से वामपन्थी क्रान्ति दल के द्वन्द्वात्मक भौतिकवादी आन्दोलन में रुचि लेना कम कर दिया है। इसमें कोई बुद्धिमत्ता नहीं। यह तो वैसा ही है कि अमृतघट के हाथ में आने पर अमृत का पान किए बिना ही घड़े को अलग रख दिया जाए क्योंकि घड़े का रंग पसन्द नहीं।"

अनुराधा जवाब देती, "दीदी, वामपन्थी क्रान्ति दल की गतिविधियों में भाग लेने में कमी का कारण अरुचि नहीं, बल्कि कुछ व्यक्तिगत समस्याएँ हैं। लेकिन मैं आपको विश्वास दिलाती हूँ कि मैं क्रान्ति रथ में आपके साथ अवश्य रहूँगी। सुदेश के उत्तरी प्रान्तों को देखने की मेरी बड़ी इच्छा है।"

मीरा के बार-बार पूछने पर भी अनुराधा ने उन व्यक्तिगत समस्याओं पर कुछ कहने से इनकार कर दिया जिनके कारण उसने वामपन्थी क्रान्ति दल की गतिविधियों में भाग लेना कम कर दिया था। जब से वह रोहितपुर से आई थी, द्वन्द्वात्मक भौतिकवादी क्रान्ति के प्रति उसका उत्साह कम हो गया था और उसका मन अक्सर उसी नगर की गलियों में भ्रमण करता था। वहाँ के कुछ चेहरे उसके मस्तिष्क में चक्कर लगाते थे। उसकी माँ, सुजाता, रधिया, लक्ष्मी, कैकेयी, सुमित्रा और सबसे अधिक चित्रा, उसे बार-बार याद आते थे, और अल्पकाल में ही हुए परिवर्तन उसके मन को उद्विग्न कर रहे थे। सुजाता के पत्र हर हफ्ते आते थे और उनसे रोहितपुर की अनेक घटनाओं का ज्ञान होता रहता था। उससे उसे मालूम हुआ कि चित्रा के चलते उसके पिता के घर की बदनामी हो रही है, वह प्रतिदिन शाम को चार-पाँच बजे फोटो खिंचवाने के लिए डायमंड, पर्ल या किसी अन्य स्टूडियो में जाती है और रात में बारह बजे के बाद नशे में धुत हुई लौटती है।

स्टूडियो में उसके द्वारा किए जानेवाले काम के सम्बन्ध में अजीब-अजीब कहानियाँ प्रचलित हैं और उन कहानियों को बल इस बात से मिलता है कि शहर में ऐसी ब्लू फिल्में आसानी से उपलब्ध हैं जिनमें उसने अनेक हैरतअंगेज रोल किए हैं।

रामदेव सिंह की दोनों लड़कियाँ कैकेयी और सुमित्रा भी उस क्षेत्र में अच्छा नाम कमा रही हैं और अब स्थिति यह है कि शहर की लड़कियों से काम कराकर ब्लू फिल्में बनाने पर किसी स्टूडियो को कुछ कहने की हिम्मत लोगों में नहीं क्योंकि ये स्टूडियो अब अपराधी गिरोहों के संरक्षण में हैं। वर्षों पहले जब आदर्श कन्या विद्यालय की लड़कियों से बनाई गई कुछ ब्लू फिल्में मिली थीं तो भारी बावेला मचा था और सभी फोटो स्टूडियो महीनों तक बन्द रहे थे। लेकिन अब वैसी स्थिति नहीं रह गई थी, और किसी भी स्टूडियो का विरोध करने की हिम्मत किसी में नहीं थी।

अनुराधा के एक पत्र के जवाब में सुजाता ने लिखा कि चित्रा ने कुसुमपुर जाने से इनकार कर दिया है और उसका पति महाबली सिंह यह कहकर कुसुमपुर

लौट गया है कि उसकी जब इच्छा हो वह स्वयं कुसुमपुर आ जाए, वह उसे लेने नहीं आएगा। अनुराधा जानती थी कि यह कोई बड़ी बात नहीं, यह पति-पत्नी के बीच एक अस्थायी अलगाव है। लेकिन यह इस बात का द्योतक था कि पति अपनी पत्नी के प्रति इतना उदासीन था कि उसे इस बात की परवाह नहीं थी कि वह किस मर्द के साथ सोती है। वह उसके लिए एक साधारण वेश्या से कुछ अधिक नहीं रह गई थी जिसका कोई भी काम उसे विचलित नहीं करता था। यह पति द्वारा अपनी पत्नी को वेश्यावृत्ति के लिए प्रोत्साहित करने की तरह था। क्या ऐसे सम्बन्ध में पत्नी एक व्यक्ति के रूप में अपनी पहचान नहीं खो देती? ऐसी स्थिति में यदि औरत बाँझ हो तो क्या वह उसके लिए जीवन का सबसे बड़ा अभिशाप नहीं है?

अनुराधा का मन अपनी बहन के लिए बहुत उदास हो गया और उसका अपराध उसके दुःख की तुलना में बहुत छोटा लगने लगा। उसे ऐसा प्रतीत हुआ कि उसके अपराध का मूल कारण उसका दुःख ही है और उसने जो किया या जो कर रही है, उसके लिए उसे दोष देना व्यर्थ है।

अनुराधा का ध्यान अपने अकेलेपन पर गया जो तेजी से गहराता जा रहा था। उसे लगा कि यह एक ऐसा अभिशाप है जो उसके ललाट के लेख का एक अंग बन गया है। उसकी उदासी बढ़ती गई, और साथ-साथ बन्धन से मुक्ति के लिए बेचैनी भी बढ़ती गई। उसने सोचा—'क्या मेरी बेचैनी का कारण यह है कि मैंने उस राह को पीछे छोड़ दिया है जिस पर चलना चाहती थी? तो क्या वामपंथी क्रान्ति का मार्ग, हिंसा और रक्तपात की मदद से, एक ऐसे समाज की तरफ नहीं ले जाता जिसमें व्यक्ति के जीवन में शान्ति और समृद्धि आती है?'

अनुराधा के मन में विचारों का एक द्वन्द्व छिड़ा था और यद्यपि उसका विवेक कहता था हिंसा और रक्तपात से शान्ति और समृद्धि नहीं हो सकती, वह इस मार्ग को त्याग नहीं सकती थी। वामपन्थी क्रान्ति दल के प्रति उसके मन में एक ऐसे आकर्षण और पक्षपात की सृष्टि हुई थी जो मानव-व्यवहार के साधारण नियमों के ऊपर था।

[33]

सुदेश में वर्षों से उभयपन्थी क्रान्ति दल का शासन था और इस दल के शासन में स्थायित्व का बड़ा श्रेय वामपन्थी क्रान्ति दल को जाता था। वामपन्थी क्रान्ति दल ऐसे नेताओं का संगठन था जिन्होंने लफ्फाजी पर आधारित एक ऐसे राजनीतिक दर्शन को अपना लिया था जिससे जनसाधारण को आसानी से छला

जा सकता था और सरकार में नहीं रहते हुए भी सरकारी दल की सारी सुविधाएँ प्राप्त की जा सकती थीं। इस दल ने शुरू से ही उभयपन्थी क्रान्ति दल को समर्थन दे रखा था, यद्यपि इसने विरोधी दल होने का दावा कभी नहीं छोड़ा था। सुदेश में एक अन्य राजनीतिक दल था—दक्षिणपन्थी क्रान्ति दल—जो मुख्य विरोधी दल था, लेकिन जो न कभी सरकार बना सका था और न किसी सरकारी सुविधा का लाभ उठा सका था। वामपन्थी क्रान्ति दल का इस दल से सौतन-डाह था और वह हर प्रयत्न करता था कि दक्षिणपन्थी क्रान्ति दल किसी हालत में सत्ता के समीप नहीं आने पावे। उभयपन्थी क्रान्ति दल को भी एक ऐसे सहयोगी की आवश्यकता थी जो हर स्थिति में उसका साथ देने को तैयार रहे। कुछ वर्ष पहले सुदेश में एक नए राजनीतिक दल का जन्म हुआ था जिसका नाम था सामाजिक न्याय दल और जिसका उद्देश्य था—पिछड़ी जातियों के लिए नौकरियों, सीटों और वायु-स्थान में सौ फीसदी का आरक्षण और अगड़ी जातियों का मूलोच्छेदन। इस दल के सभी नेता अपराधकर्मी थे और जो जितना बड़ा अपराधकर्मी था, वह उतना ही बड़ा नेता था। सामाजिक न्याय दल उभयपन्थी क्रान्ति दल से हाथ मिलाना चाहता था, ताकि वामपन्थी क्रान्ति दल की तरह, वह भी सरकारी सुविधाओं का पूरा लाभ उठा सके, लेकिन उभयपन्थी क्रान्ति दल उसे सन्देह की दृष्टि से देखता था। सुदीर्घनासा की हत्या के बाद उसका पुत्र सुकर्ण प्रधानमन्त्री हुआ तो वामपन्थी क्रान्ति दल की उभयपन्थी क्रान्ति दल से निकटता अधिक बढ़ गई और दल के नेताओं को प्राप्त सरकारी सुविधाओं में अभिवृद्धि हुई।

सुकर्ण के प्रधानमन्त्रित्व के समय सामाजिक न्याय दल उभयपन्थी क्रान्ति दल की निकटता प्राप्त करने में सफल रहा, और उसके महाबलियों को भी मिलनेवाली सरकारी सुविधा में वृद्धि हुई।

वामपन्थी क्रान्ति रथ के अभियान के प्रारम्भ का दिन जैसे-जैसे समीप आता गया, वैसे-वैसे अनुराधा के मन की बेचैनी बढ़ती गई। उसने मीरा महाजन को अपनी स्वीकृति देने के बाद भी क्रान्ति रथ के अभियान से स्वयं को अलग रखने का निश्चय किया था, लेकिन उसमें शामिल होने के लिए हीरालाल की तरफ से कोई आमन्त्रण नहीं मिलना, उसकी बेचैनी का एक बड़ा कारण था।

रोहितपुर से लौटने के बाद वह जिस रात नया समाज भवन में ठहरी थी, उसके बाद उसकी हीरालाल से मुलाकात नहीं हुई थी। दो महीने से अधिक बीत गए थे और हीरालाल उससे मिलने एक बार भी नवयुग एपार्टमेंट नहीं आया था। वह जानती थी कि इसका कारण उसकी अन्यत्र व्यस्तता है, वह वामपन्थी क्रान्ति दल का एक बड़ा नेता था और साथ-साथ सुदेश की संसद का सदस्य था और

उसकी व्यस्तता में कुछ भी अस्वाभाविक नहीं था। लेकिन अनुराधा के मन में यह खटका लगा हुआ था कि यह हीरालाल की उसके प्रति बढ़ती अन्यमनस्कता का कारण उसमें अरुचि है। जब क्रान्ति रथ के अभियान के प्रारम्भ होने के दो दिन पहले हीरालाल उससे मिलने आया तो अभियान के प्रति उसकी अनिच्छा समाप्त हो गई और उसकी देह में फुर्ती आ गई। लेकिन वह चुप बैठी रही।

हीरालाल ने सामने की कुर्सी पर बैठते हुए कहा, "क्या मेरी बुलबुल मुझसे नाराज है? मैं दो महीनों से तुम्हारी सेवा में हाजिर नहीं हो सका। जानती हो इसका क्या कारण था? इसका कारण यह था कि इधर जनसेवा का काम बहुत बढ़ गया था। तुम जानती ही हो कि जनता के सेवक का सर्वस्व जनता का होता है। जो लोग नए समाज की स्थापना के लिए काम करते हैं उन्हें अपने चरित्र को नए समाज के आदर्शों के अनुकूल ढालना पड़ता है।"

अनुराधा ने कुछ कहा नहीं, क्योंकि उसे आशंका थी कि कुछ कहने पर वह बातों को एक मोड़ दे देगा और वह उसके मन की बात नहीं जान पाएगी।

दो मिनटों के बाद हीरालाल ने भाषण के स्वर में कहना जारी रखा, "हम नेताओं के ऊपर भारी जिम्मेवारी है। हम एक नए क्रान्तिकारी समाज की स्थापना में कार्यरत हैं। हमें अपने सुख और स्वार्थ की परवाह किए बिना दिन-रात काम करना पड़ता है। इस कारण जो अपने हैं, उनके बीच भी कभी-कभी गलतफहमी हो जाती है।"

अनुराधा ने कहा, "हीरालालजी, कम-से-कम मेरी तरफ से कोई शिकायत नहीं है। क्या मेरे लिए कोई आदेश है?"

हीरालाल बोला, "मेरी मैना, वही बताने के लिए मैं बेताब हूँ। बात यह है कि वामपन्थी क्रान्ति दल ने पूरे सुदेश में अपना क्रान्तिकारी झंडा लहराने का निश्चय कर लिया है, और इस महान कार्य के लिए क्रान्ति रथों का अभियान चलाने की योजना बनाई गई है। अभी हमारा अभियान सुदेश के उत्तरी प्रान्तों में होगा जहाँ हमारे क्रान्ति रथ दल की विजय पताका फहराएँगे। यह काम दल के चार महिला और चार पुरुष नेताओं को सौपा गया है।"

अनुराधा की आँखों में खुशी की चमक आ गई और उसे छिपाने के लिए उसने अपना चेहरा दूसरी तरफ फेर लिया।

लेकिन हीरालाल से उसकी प्रतिक्रिया छिपी नहीं रही। उसने अनुराधा की खुशी का अर्थ कुछ दूसरा लगाया और बोला, "मेरी मैना, वामपन्थी क्रान्ति दल यह अवश्य कहता है कि हमें समाज के कल्याण के लिए काम करना चाहिए लेकिन यह कभी नहीं कहता कि हमें व्यक्ति के आनन्द को नजरअन्दाज करना है। समाज व्यक्ति से ही बनता है और व्यक्ति के सुख में ही समाज का सुख है।

अतएव क्रान्ति के इस अभियान में हम समाज में क्रान्ति के लिए ही नहीं, बल्कि व्यक्ति के आनन्द के लिए भी काम करेंगे और दोनों में से किसी भी मोर्चे पर पीछे नहीं रहेंगे।''

अनुराधा का चेहरा शर्म से लाल हो गया। लेकिन वह कुछ बोली नहीं। उसने सोचा, 'यदि उचित और अनुचित का भेद ध्यान में रहे तो कोई कारण नहीं कि अनुचित से बचा जा सके। शायद इस अभियान में शान्ति और प्रगति का कोई रास्ता निकल जाए।'

[34]

वामपन्थी क्रान्ति रथ के अभियान के प्रारम्भ होने के दिन चार क्रान्ति रथ दल के केन्द्रीय भवन के आगे एक पंक्ति में खड़े हुए। ये लक्जरी बसें थीं जिनके आगे के भाग को, काठ के उचित रूप से रँगे ढाँचे लगाकर घोड़े जुते रथों का रूप दे दिया गया था। उस अवसर पर वामपन्थी क्रान्ति दल और उभयपन्थी क्रान्ति दल के सैकड़ों नेता और कार्यकर्ता उपस्थित थे और उत्सव का वातावरण था, ठीक वैसा ही जैसा लड़के की शादी के लिए वधूगृह के लिए बारात के प्रस्थान के अवसर पर होता है। बाजे और ढोल बज रहे थे, ध्वनि-विस्तारकों पर गाने गाए जा रहे थे और विजय के नारे लग रहे थे।

अनुराधा के मन में गुदगुदी हुई और एक क्षण के लिए उसे ऐसा लगा कि वह स्वयं ही दुलहन है। यह बात उसके दिमाग में आते ही उसके कलेजे में हूक उठी, मानो उसने जीवन में एक बड़ी उपलब्धि का अवसर खो दिया हो। ऐसा सोचने का कोई कारण नहीं दीखता था क्योंकि उसके पास न कभी विवाह का प्रस्ताव आया था और न उसके मन में अपनी शादी का विचार कभी उठा था। उसे ऐसा लगने लगा था कि वह आम्रपाली की तरह एक नगरवधू हो गई है जिसके जीवन का उद्देश्य समष्टि के कल्याण के लिए आत्मोत्सर्ग है।

चारों रथ, जिन पर झंडे और पताखे लहरा रहे थे, जय-जयकार की तुमुल-ध्वनि के बीच रवाना हुए। एक रथ में आठों नेता और नेत्रियाँ थीं, दूसरे में भृत्य लोग और कतिपय अनुगामी थे, तीसरे में एक दर्जन बन्दूकधारी सिपाही थे और चौथे में खाने-पीने का सामान और कपड़े थे। इस अभियान का उद्देश्य सुदेश के ध्रुव उत्तर में स्थित हिमगिरि प्रदेश में वामपन्थी क्रान्ति के सन्देश को पहुँचाना था ताकि वहाँ के राजनीतिक और सामाजिक जीवन को उचित दिशा मिल सके। देवल से पाँच दिनों की यात्रा पर हिमगिरि प्रदेश की राजधानी आदित्यपुर पहुँचना था, पन्द्रह दिनों तक हिमगिरि प्रदेश के विभिन्न क्षेत्रों में

घूमना और वामपन्थी क्रान्ति का सन्देश पहुँचाना था, फिर पाँच दिनों की वापसी यात्रा पर देवल लौट आना था। इस अभियान का जितना श्रेय वामपन्थी क्रान्ति दल को था, उससे अधिक श्रेय उभयपन्थी क्रान्ति दल को और सुदेश की केन्द्रीय सरकार को था। सुदेश की केन्द्रीय सरकार हिमगिरि प्रदेश में एक उलझन में पड़ी थी और उसका विश्वास था कि उस उलझन को दूर करने में वामपन्थी क्रान्ति दल उसकी बड़ी सहायता कर सकता है।

हिमगिरि प्रदेश विश्व की सबसे ऊँची पर्वतमाला से घिरा था जिसकी चोटियाँ सालों भर बर्फ की मीलों मोटी परतों से ढँकी रहती थीं। इन पर्वतमालाओं से बीसों नदियाँ निकलती थीं जिनके जल से सुदेश का एक बड़ा भूभाग सिंचित होता था। पचासों झरने थे और उससे अधिक झीलें थीं, जो मीठे जल का अक्षय स्रोत थीं। इन पहाड़ों की चोटियों पर देवगण निवास करते थे और उनकी गुफाओं में योगी विश्व के कल्याण के लिए तपस्या करते थे। हिमगिरि की ढलानों पर चीड़, सागवान और अन्य कीमती वृक्षों के घने जंगल थे और तराइयों में अंगूर, सेब, अखरोट और अन्य फलों के सैकड़ों मील में फैले बाग थे। पूरा प्रदेश इतना सुन्दर था कि लगता था, प्रकृति ने धरती पर स्वर्ग बनाने की कोशिश की थी।

लेकिन यह प्रदेश कुछ वर्षों से नरक की तरह अशान्त हो गया था और वहाँ हिंसा, रक्तपात और विध्वंस की ऐसी आग लगी थी जिससे प्रदेश जलकर राख में बदलता जा रहा था। इसका मूल कारण यह था कि दो सौ वर्ष पहले प्रदेश के अधिकांश निवासी जो उस समय तक पुरातनेश्वर के पूजक थे, दबाव और प्रलोभन के कारण नवेश्वर के पूजक बन गए थे। जब सुदेश को सात सागरों के पार से आए विदेशियों की दासता से मुक्ति मिली, वहाँ के अधिकांश नवेश्वरपूजकों ने उसका विभाजन कर अपने लिए एक नया देश, परदेश बना लिया, लेकिन हिमगिरि प्रदेश सुदेश का एक हिस्सा बना रहा।

सुदेश के विभाजन के तत्काल बाद परदेश की सेनाओं ने चोरी-चुपके हिमगिरि प्रदेश पर हमला कर उसके आधे भूभाग पर अधिकार कर लिया, ताकि सुदेश के विरुद्ध सम्भावित युद्धों में उसका सहयोग मिलता रहे। परदेश के शासकों ने तय किया था कि वे येन-केन-प्रकारेण हिमगिरि प्रदेश के उस भाग को भी, जो वैधानिक और ऐतिहासिक दृष्टि से सुदेश का अंग था, परदेश में मिला लेंगे। उन्होंने पुरातनेश्वर पूजकों का न सिर्फ परदेश से, बल्कि हिमगिरि प्रान्त के उस भाग से भी, जिस पर उन्होंने अनधिकार कब्जा कर लिया था, पूरी तरह सफाया कर दिया। उन्होंने हिमगिरि प्रदेश के उस क्षेत्र से भी, जो सुदेश का एक भाग था, पुरातनेश्वर-पूजकों को मार भगाने का अभियान चलाया ताकि उस पर नरसंहार और विध्वंस के माध्यम से कब्जा किया जा सके।

हिमगिरि प्रदेश की स्थिति ऐसी हो गई थी कि वहाँ पुरातनेश्वर के पूजकों का रहना कठिन था और वे अपना घरबार छोड़ सुदेश के अन्य भागों में पलायन कर रहे थे। प्रदेश से हत्यारों और विध्वंसकारियों के दल पहाड़ों और जंगलों के रास्ते हिमगिरि प्रदेश में प्रवेश कर जाते थे और वहाँ निवास करनेवाले पुरातनेश्वर-पूजकों के साथ-साथ नवेश्वरपूजकों की भी हजारों की संख्या में हत्या करते थे और उनमें से कुछ को हर तरह के प्रलोभन से हत्या और नरसंहार में साथ देने के लिए प्रेरित करते थे।

इस स्थिति में ड्रैगन देश की सरकार की भूमिका कुछ अजीब थी। वह सुदेश की सरकार से मित्रता रखने का दावा करती थी, लेकिन वस्तुतः वह सुदेश के टुकड़े-टुकड़े करने के लिए हर तरह के षड्यन्त्र करती रहती थी।

ड्रैगन देश में एक ऐसे दल की सरकार थी जो वामपन्थी समाज-दर्शन से प्रभावित होने का दावा करता था। वामपन्थी समाज-दर्शन का एक सूत्र यह था कि सभी देशों के वामपन्थी क्रान्ति दल एक-दूसरे के भाई हैं और उनकी एकता देश और काल की सीमाओं के ऊपर है। इसी सूत्र से प्रेरित होकर ड्रैगन देश की सरकार सुदेश के वामपन्थी क्रान्ति दल को भरपूर आर्थिक सहायता देती रहती थी, ताकि उसके कार्यक्रम के निस्पादन में उसका पूरा सहयोग मिलता रहे। ड्रैगन देश के कार्यक्रम का एक अंश यह था कि सुदेश के अन्दर के आपराधिक तत्त्वों को हर तरह से प्रोत्साहित कर और उसकी सीमाओं पर यदा-कदा घुस-पैठ कर उसे अशान्त रखा जाए और वामपन्थी क्रान्ति दल को गुप्त रूप से देशद्रोही गतिविधियों में लगाए रखा जाए।

परदेश और ड्रैगन देश द्वारा समर्थित और प्रोत्साहित गतिविधियों के कारण हिमगिरि प्रदेश अशान्त था। सुदेश की केन्द्रीय सरकार को आशा थी कि वामपन्थी क्रान्ति दल, जो उससे हर तरह का लाभ उठाता था, हिमगिरि प्रदेश में शान्ति की स्थापना में उसकी मदद करेगा और ड्रैगन देश और परदेश की सरकारों से अपनी निकटता के बावजूद सुदेश के हितों के प्रतिकूल कोई काम नहीं करेगा। इस उद्देश्य से उसने वामपन्थी क्रान्ति दल के क्रान्ति रथ अभियान पर एक बड़ी राशि खर्च की थी और उसे हर तरह का सरकारी संरक्षण दिया था।

अनुराधा का भ्रम अभी पूरी तरह टूटा नहीं था। वामपन्थी क्रान्ति दल के नेताओं के प्रति बढ़ती वितृष्णा के बावजूद वामपन्थी समाज-दर्शन में उसका विश्वास लुप्त नहीं हुआ था और वह अभी द्वन्द्वात्मक भौतिकवाद को सामाजिक उत्थान का एक साधन मानती थी। लेकिन वह इस बात से समझौता नहीं कर पाती थी कि वामपन्थी क्रान्ति दल का ड्रैगन देश और परदेश से कोई विरोध नहीं था, जबकि इन देशों ने सुदेश के एक बड़े भूभाग पर अधिकार कर रखा था।

वामपन्थी क्रान्ति दल का इतिहास उसे अच्छी तरह मालूम था, और इससे उसके मन में तरह-तरह की आशंकाएँ उत्पन्न होती थीं। लेकिन उसके सम्बन्ध में उसका भ्रम टूटा नहीं था।

पाँच दशक पहले जब सुदेश पर सात सागरों के पार से आए विदेशियों का शासन था और जब सुदेश के निवासी वर्षों से स्वतन्त्रता के लिए संग्राम कर रहे थे, वामपन्थी क्रान्ति दल ने विदेशी शासकों का साथ दिया था और सुदेश के स्वतन्त्रता के संग्राम को कुचलने का घिनौना प्रयत्न किया था। चार दशक पहले जब ड्रैगन देश की सरकार ने बिना पूर्वसूचना के चुपके से सुदेश पर आक्रमण कर उसके एक बड़े भूभाग पर अधिकार कर लिया था तो वामपन्थी क्रान्ति दल ने इस घृणित कार्य को यह कहकर उचित बताया था कि चूँकि ड्रैगन देश की सरकार वामपन्थी समाज दर्शन से परिचालित होती है, इस कारण वह किसी भी देश के भूखंड पर अधिकार कर मानव-समाज का कल्याण करती है।

अनुराधा यह सोचती थी कि किसी भी देश के भू-भाग पर अधिकार करना अन्याय है और इसके लिए दोषी को उचित दंड मिलना चाहिए, लेकिन वामपन्थी क्रान्ति दल के अजीबोगरीब तर्क से वह चकरा जाती थी और निर्णय नहीं कर पाती थी कि क्या सही है और क्या गलत है। उसके मन में वामपन्थी क्रान्ति दल की नीतियों के औचित्य के सम्बन्ध में बार-बार प्रश्न उठते थे, लेकिन जब से हीरालाल शास्त्री से उसकी निकटता हुई थी, उसका मन एक विचित्र तरह के अनिश्चय की भावना से ग्रसित हो गया था।

[35]

वामपन्थी क्रान्ति रथों का पहला पड़ाव मुहम्मदगंज में था जो देवल से डेढ़ सौ किलोमीटर की दूरी पर था। मुहम्मदगंज नवेश्वरपूजकों का बहुत बड़ा शक्ति-केन्द्र था। अनुराधा को यह देखकर आश्चर्य हुआ कि क्रान्ति रथों के स्वागत के लिए शहर के बाहर और अन्दर एक दर्जन तोरणद्वार बने थे और जिस होटल में उनके ठहरने की व्यवस्था की गई थी, उसके बाहर एक हजार से अधिक लोग उनके स्वागत में नारे लगा रहे थे। अनुराधा ने सोचा, 'द्वन्द्वात्मक भौतिकवाद में अवश्य कोई जादू है जिससे अलग-अलग ईश्वरों की पूजा करनेवाले इसकी तरफ समान रूप से आकर्षित हैं। यह अवश्य ही व्यक्ति और समाज को शान्ति और समृद्धि की ओर ले जानेवाला दर्शन है।'

उन्हें जिस होटल में ठहराया गया, वहाँ महारथियों, रथियों और अन्य व्यक्तियों की सुख-सुविधा का पूरा ध्यान रखा गया था। नेताओं और नेत्रियों के

विश्राम के लिए ऐसे कमरे थे, जिनके बीच में एक दरवाजा था। दरवाजे को सुविधा के अनुसार खोला या बन्द किया जा सकता था।

जब नेतागण और नेत्रियाँ रात के भोज के बाद अपने कमरों में गए तो दोनों कमरों में खुली अलमारियों में शराबों की एक-एक दर्जन बोतलें और गिलास आमन्त्रण की मुद्रा में रखा पाया। महिलाओं ने कुछ मिनट के लिए आश्चर्य का प्रदर्शन किया लेकिन उचित समय तक प्रतीक्षा के बाद सबने मेजबानों के प्रति सम्मान दिखाते हुए पेय के साथ उचित न्याय किया।

दोनों कमरों के बीच के दरवाजे को बन्द करने की याद किसी को नहीं रही और लज्जा, संकोच और औचित्य से सम्बन्धित विचारों के सारे नियन्त्रण समाप्त हो गए। नशे के ज्वर से आक्रान्त अनुराधा को यह जानकर खुशी हुई कि उसके पतियों की संख्या चार हो गई, जो द्रौपदी के पतियों की संख्या से एक ही कम थी।

शहर में पचासों प्रार्थनागृह थे, जिनके मुँडेरों पर शक्तिशाली ध्वनि-विस्तारक यन्त्र लगे थे। सुबह में तीन बजे से ही ध्वनि-विस्तारक यन्त्रों से प्रार्थना की आवाजें आसमान में गूँजने लगीं।

अनुराधा को एक क्षण भी नींद नहीं आई थी और वह अपने साथी नेताओं और नेत्रियों के साथ कमरे में बिछे गद्दे पर अर्द्धनग्न पड़ी थी। नींद उससे कोसों दूर थी, लेकिन वह उसे पास बुलाने की कोशिश कर रही थी ताकि उसके अशान्त मस्तिष्क को कुछ समय के लिए आराम मिल सके। नशा उतर चुका था और स्थिति की विकटता उसे कष्ट देने लगी थी। उसी समय नवेश्वरों के प्रार्थनागृहों के मुँडेरों से उठनेवाली प्रार्थना की आवाजें कमरे की छत को छेदकर पत्थर के टुकड़ों की तरह उसके सिर पर गिरने लगीं और वह उठकर बैठ गई। उसने अपने चारों तरफ दृष्टि दौड़ाई, सातों नेता और नेत्रियाँ अर्द्ध-नग्नावस्था में स्लथ पड़े थे। उनकी नासिकाओं से उठनेवाली विभिन्न किस्म की आवाजों से कमरा गूँज रहा था और उनमें से कुछ के मुँह से निकलनेवाली झाग से बुलबुले उसी तरह उठ रहे थे, जिस तरह गन्दे नाले के सड़े पानी में किसी तरह की गति होने पर निकलते हैं।

अनुराधा की पूरी देह एकाएक काँप गई जैसे जड़ैया बुखार हो गया हो। वह वहाँ से उठकर दूसरे कमरे में चली गई और बीच के दरवाजे को बन्द कर दिया। तत्पश्चात उसने स्नान किया और बालकनी में एक कुर्सी पर बैठकर बाहर देखने लगी।

शहर अँधेरे में डूबा हुआ था, लेकिन मकानों के ऊपर रंगबिरंगी रोशनियाँ जल रही थीं जिससे किसी परीलोक में होने का भ्रम पैदा होता था। लेकिन इससे

उसके मन की अशान्ति बढ़ गई। उसके मन के अन्दर जो आँधी बह रही थी, उसमें एक ही विचार स्पष्ट था, उसे इस स्थिति से मुक्ति मिले। लेकिन यह विचार भी जलते और बुझते प्रकाश से लिखा हुआ था।

अन्य सातों नेता और नेत्रियाँ छह बजे जगे, जब उनके लिए होटल की तरफ से चाय आई। हीरालाल ने अपनी दृष्टि कमरे के चारों तरफ दौड़ाई और आश्चर्य और आशंका से बोला, "ऐं? मैं अपनी बुलबुल को नहीं देख रहा हूँ! क्या वह पिंजड़े से उड़ गई?"

सबने अपने कपड़े ठीक किए और अनुराधा की तलाश में लग गए। उन्हें बहुत समय तक तनाव में नहीं रहना पड़ा। उस पर सबसे पहले जमूरी देवी की नजर पड़ी, और वह तालियाँ बजाती हुई चिल्लाई, "हाय! हाय! साथी हीरालाल, यह देखिए, आपकी बुलबुल झरोखे पर बैठी है। सँभालिए नहीं तो आसमान में उड़ जाने पर हाथ नहीं आएगी।"

सबने अनुराधा के मिल जाने पर हर्षध्वनि की। फूलगेंदा सहाय ने कहा, "साथियो, ठीक ही कहा गया है कि जवानी दीवानी होती है। वह थकने का नाम नहीं लेती, और जिस काम को करने की ठान लेती है, उसके लिए आखिरी साँस तक जूझती है।"

सबने तालियाँ बजाकर 'ब्रेबो' कहा।

पन्नालाल पंडित दौड़कर अनुराधा की चाय की प्याली को, जिसे बेयरा कमरे में रख गया था, उठा लाया और अनुराधा को देता हुआ बोला, "देवि, चाय पीओ। थकान दूर होगी और मन में ताजगी आएगी।"

जमूरी देवी बोली, "लगता है, साथी पन्नालाल पंडित के माल पर एकाधिकार करने के फेर में हैं। साथियो, क्या द्वन्द्वात्मक भौतिकवाद यह नहीं कहता है कि दुनियाभर के मजदूरो एक हो जाओ, तुम्हें अपनी बेड़ियों के अलावा कुछ नहीं खोना है? अपनी स्वदेशी कहावत भी है, मिल-जुलकर खाओ, गंगा नहाओ। हमें आपसी खींचतान को भूलकर सारे माल का उपभोग साथ-साथ करना चाहिए। साथियो, मेरी बात में दम है या नहीं?"

सबने तालियाँ बजाईं और हर्षनाद किया। अमर्ष के बादल छँट गए और मीठी धूप फैल गई।

[36]

अनुराधा को विश्वास था कि वामपन्थी क्रान्ति दल सुदेश के लिए कार्य करेगा और उसके दुश्मनों को पराजित करने में अपनी पूरी शक्ति लगा देगा। यह भी

एक कारण था जिससे वह क्रान्ति रथ अभियान में पूरे उत्साह के साथ शामिल हुई थी और मुहम्मदगंज में हुए अप्रिय अनुभव के बाद भी उसका विश्वास मरा नहीं। मार्ग में मोतियों की तरह बिखरी प्राकृतिक सुन्दरता पर उसका ध्यान विशेष रूप से गया और उसका हृदय उत्साह से भर गया। सड़क के समानान्तर दो फर्लांग की दूरी पर बहनेवाली शुभ्रा नदी किसी अल्हड़ युवती की तरह अंगड़ाइयाँ लेती और खिलखिलाती हुई दौड़ लगा रही थी। जल की लहरें सुबह की धूप में चाँदी के छल्लों की तरह चमक रही थीं। दूर-दूर तक फैले समतल मैदान, जिनसे गेहूँ, दलहन और तेलहन के पौधे कट चुके थे, पुस्तकों के बोझ से मुक्त बच्चों की तरह उल्लसित लग रहे थे। अनाजों के गल्लों से भरे खेत-खलिहान, जहाँ मर्द, औरतों और बच्चों के झुंड के झुंड चहलकदमी कर रहे थे, भविष्य के लिए नई आशा का संचार करते थे।

उसने सोचा, 'क्या इन स्थानों के लोग भी उसी आन्तरिक विद्वेष और कलह के शिकार हैं जिसके शिकार रोहितपुर के और कुसुमांचल के लोग हैं? क्या यहाँ के सामाजिक जीवन में भी जहर की वही वैतरणी बह रही है जो रोहितपुर के सामाजिक जीवन में है?' उसे लगा कि उसकी आशंका सही है, इस कारण उसने विचारों की दिशा मोड़ने की कोशिश की ताकि उसे अप्रिय भावों से मुक्ति मिले और वह अपने भविष्य के सम्बन्ध में आश्वस्त हो सके।

वामपन्थी क्रान्ति रथ उत्तर की तरफ बढ़ते गए और प्राकृतिक परिदृश्य बदलता गया। सपाट मैदानों के बाद पहाड़ों की बहिर्रेखाएँ प्रकट होने लगीं, जमीन अधिकाधिक ऊबड़खाबड़ होती गई और वृक्ष अधिक घने और ऊँचे होते गए। शुभ्रा के गान का स्वर अधिक ऊँचा होता गया। लगता था, क्रान्ति रथ किसी ऐसे प्रदेश में प्रवेश कर रहे हैं, जो भौगोलिक रूप से सुदेश से पृथक् हैं। आम, जामुन और कटहल के बदले सेब, नासपाती और अखरोट के बाग थे, शीशम और सागवान के स्थान पर देवदार और चीड़ के पेड़ों की पंक्तियाँ थीं। लेकिन देवी-देवताओं के पूजा-भवनों और मूर्तियों की संख्या बढ़ती गई। पहाड़ों की तलहट्टियों में, ढलानों पर और ऊँचाइयों पर भी ये पूजा-स्थल खड़े थे। इनमें से अधिकांश सैकड़ों वर्ष पुराने थे। ऐसा लगता था कि यह पूरा भूभाग देवी-देवताओं की कर्मभूमि और क्रीड़ाभूमि रहा है। इनमें से अधिकांश पूजा-भवन अब खँडहर होते जा रहे थे—देख-रेख के अभाव में और नवेश्वरपूजकों की विनाशलीला के कारण। लेकिन जो अभी जीवित बचे थे, उन पर लाल या भगवा रंग के झंडे लहरा रहे थे। अब इस क्षेत्र में नवेश्वरपूजकों की संख्या पुरातनेश्वर के पूजकों की संख्या से अधिक हो गई थी, लेकिन धरती से पुरातनेश्वर की उपस्थिति की गन्ध आती थी। इससे अनुराधा को कोई आश्चर्य नहीं हुआ, वह जिस परम्परा में पली

थी, उसमें यह एक स्वाभाविक प्रतिक्रिया थी। वामपन्थी क्रान्ति दर्शन की सारी ट्रेनिंग के बावजूद संस्कार से प्राप्त अनुरक्ति ने उसका साथ नहीं छोड़ा था और उसे ऐसा लगा कि इन पूजा-स्थलों, चट्टानों की बनी अनगढ़ मूर्तियों, जिनको लाल और पीले रंग से टीककर प्राण-प्रतिष्ठा की गई थी, से उसकी बहुत पुरानी जान-पहचान है और इस वातावरण में जो रहस्यात्मक जीवन्तता है वह सहस्राब्दियों से जीवित जीवन-पद्धति और विचार-पद्धति की देन है। क्रान्ति रथों से विजय के नारे लगातार लग रहे थे, लेकिन वह, इन नारों से पूरी तरह अस्पृश्य, अपने नए अनुभव की गंगोत्री में डुबकी लगा रही थी।

लेकिन, किसी कारणवश, वह अपने साथी नेताओं और नेत्रियों से आँखें मिलाने में स्वयं को असमर्थ पा रही थी। मीरा महाजन ने उसकी स्थिति को भाँपते हुए हँसकर कहा, "बेबी, हम एक महत्त्वपूर्ण अभियान पर निकले हैं। हमें अपनी ताकत को सँजोकर रखना है। छोटी-मोटी बातों में उसे बरबाद करना अच्छा नहीं।"

हीरालाल ने कहा, "प्यारी बुलबुल, हमें इस बात को याद रखना है कि वामपन्थी क्रान्ति की सफलता के लिए हर नेता और कार्यकर्ता को अपनी शक्ति को सँजोकर रखना है। उसे कोई ऐसा काम करने से बचना है जिससे शक्ति का लेशमात्र भी ह्रास हो। पूरी शक्ति के अर्जन के लिए सभी भौतिक आवश्यकताओं की पूर्ति आवश्यक है, लेकिन सभी अभौतिक आवश्यकताओं की पूर्ति भी उतनी ही आवश्यक है। तुम पूछोगी कि अभौतिक आवश्यकताओं की पूर्ति का मापदंड क्या है? पूछोगी न? तो सुनो। अभौतिक आवश्यकताओं की पूर्ति का सर्वोत्तम मापदंड है इच्छाओं की या किसी विशेष इच्छा की पूर्ति। इच्छा-पूर्ति से वह कुछ समय के लिए ही क्यों न हो, व्यक्तित्व को बल मिलता है और अन्ततः वामपन्थी क्रान्ति का मार्ग प्रशस्त होता है।"

अनुराधा के सिवा सभी नेताओं और नेत्रियों ने तालियाँ बजाकर हीरालाल के वक्तव्य का स्वागत किया, लेकिन अनुराधा चुप रही, यद्यपि उसके चेहरे पर मुस्कुराहट थी।

जमूरी देवी ने हीरालाल को प्रोत्साहित करने के लिए पूछा, "साथी हीरालालजी, किसी इच्छा की पूर्ति एक क्षण के लिए होने से उस वस्तु के लिए भूख बढ़ती है, मिटती नहीं। क्या द्वन्द्वात्मक भौतिकवाद यह नहीं कहता कि जिस तरह आग में घी डालने से आग की ताकत बढ़ती है, उसी तरह इच्छाओं की पूर्ति होने से इच्छाएँ बढ़ती हैं?"

फूलगेंदा सहाय को जमूरी देवी का विद्वत्ता का यह प्रदर्शन अच्छा नहीं लगा। यह क्या कि हलकी-फुलकी बातों में किताबी पढ़ाई को घुसा दिया जाए? वह मुँह

बिचकाती हुई बोली, ''मैंने द्वन्द्वात्मक भौतिकवाद की बहुत-सी किताबें पढ़ी हैं, लेकिन यह बात किसी किताब में नहीं देखी जो हमारी प्यारी जमूरी देवी कह रही है। इसने अवश्य ही किसी कथावाचक पंडित से ये बातें सुनी हैं।''

हीरालाल ने कटुता को दूर करने के लिए कहा, ''साथियो, हम सभी जानते हैं कि द्वन्द्वात्मक भौतिकवाद का दर्शन अत्यन्त विस्तृत है। इसमें दुनिया का हर दर्शन समा जाता है। इस सम्बन्ध में हमको किसी से कोई बहस नहीं होनी चाहिए, नहीं तो दल की आन्तरिक शान्ति भंग होती है। आन्तरिक शान्ति के भंग होने से दल कमजोर पड़ता है और लक्ष्य की प्राप्ति में विलम्ब होता है।''

हीरालाल इस गुट का अविवादित नेता था और उसकी किसी बात पर सवाल उठाने की हिम्मत किसी में नहीं थी। इस कारण सभी दो मिनट तक चुप रहे। फिर मीरा महाजन ने कहा, ''साथियो, मैं साथी हीरालालजी की बातों का पूरा समर्थन करती हूँ। मैं साथी अनुराधा बहन से कहूँगी कि वह अपनी देह और दिमाग में से किसी को कष्ट नहीं दे और वही करे जिसमें वामपन्थी क्रान्ति को बल मिले। जब हम एक अभियान पर निकले हैं तो हमें एक साथ चलना और साथ-साथ विश्राम करना और सोना है।''

अनुराधा ने मुस्कुराकर लेकिन दृढ़ आवाज में कहा, ''साथियो, मैं इस अभियान में पूरी तरह आपके साथ हूँ। लेकिन मैं कुछ दिनों के लिए इस अभियान के कुछ कार्यक्रमों से स्वयं को अलग रखना चाहती हूँ। आशा है, आप इसके लिए मुझे क्षमा करेंगे। मैं आपको विश्वास दिलाना चाहती हूँ कि इससे वामपन्थी क्रान्ति के प्रति मेरा लगाव कम नहीं होगा।''

अनुराधा के साथी नेताओं और नेत्रियों को विश्वास हो गया कि वर्तमान परिस्थितियों में कुछ समय तक प्रतीक्षा करना ही सर्वोत्तम नीति है। उन्होंने अनुराधा को पुनः छेड़ने की कोशिश नहीं की क्योंकि वे जानते थे कि समय सबसे बड़ा चिकित्सक है और अनेक असाध्य रोगों की दवा बिना प्रयास के कर देता है।

[37]

वामपन्थी विजय रथ का अगला विश्राम-स्थल नीलकंठ नगर में था जो हिमगिरि प्रदेश का एक महत्त्वपूर्ण स्थान था। यह नीलकंठ पर्वत की तलहट्टी में बसा था। ऐसा लगता था कि पर्वत एक अथक प्रहरी हो जो उसकी सुरक्षा के लिए तैनात था। अनुराधा ने रथ के अन्दर से ही विशालकाय काले-भूरे पर्वत के ऊपरी शिखर को देखने की कोशिश की, लेकिन उसने पाया कि वह आसमान की छत के उस पार चला गया है। दूसरे क्षण उसने देखा कि पर्वत योग-मुद्रा में बैठे एक

विशालकाय देव-पुरुष में परिवर्तित हो गया है, जिनका जटा-जूट आकाश के वितान को ऊपर उठाए हुए है। उसने देखा कि देव-पुरुष का गला एक स्थान पर काला पड़ गया है, मानो वहाँ गरल की घूँट अटक गई हो! जब उसने अपना सिर ऊपर उठाया, तो पाया कि नीलकंठ की आँखें कहीं दूर देख रही हैं और उनमें चिन्ता और उदासी की रेखाएँ उभर गई हैं। अनुराधा ने अपनी आँखें नीची कर लीं। उसका मन आशंका से भर गया, दिल भारी हो गया और नए सुन्दर, स्थान पर आने की खुशी कम हो गई।

वामपन्थी क्रान्ति अभियान में निकले महारथियों और रथियों के लिए नीलकंठ नगर में भी एक बड़े होटल में व्यवस्था की गई थी। हीरालाल शास्त्री, मोतीलाल गोस्वामी, पन्नालाल पंडित और मूँगालाल शर्मा एक हॉलनुमा कमरे में थे, उन्होंने स्वयं ही इस कमरे को पसन्द किया था क्योंकि उन्हें क्रान्ति अभियान के लिए आपस में परामर्श करना था। व्यवस्थापकों ने नेत्रियों के लिए भी पार्श्व में वैसे ही कमरे की व्यवस्था कर दी। भृत्य-समूह और रक्षक-दल के लिए निचले तले क्रे कमरों में व्यवस्था की गई थी। स्वागत में किसी तरह की कमी नहीं थी, इस कारण अभियान की सफलता में किसी को सन्देह नहीं था।

नीलकंठ नगर में वामपन्थी क्रान्ति दल के स्थानीय नेताओं ने अपराह्न में एक जनसभा आयोजित की थी जिसे क्रान्ति अभियान में आये नेताओं और नेत्रियों को सम्बोधित करना था। प्रयोजन यह था कि जनता-जनार्दन केन्द्रीय नेताओं के विचार सुने और उनसे लाभान्वित हो, साथ-साथ केन्द्रीय नेता प्रसन्न हों ताकि स्थानीय नेता विशेष रूप से लाभान्वित हों। हीरालाल शास्त्री ने वामपन्थी क्रान्ति अभियान के लिए तीन महीनों से दाढ़ी बढ़ा ली थी और अब यह चार इंच लम्बी हो गई थी। वह अपने अधपके केश और दाढ़ी को, काग की पूँछ की तरह काली कर लेता था। जब वह सफेद कुर्ता-पाजामा, रंगीन बंडी और सोने की फ्रेम का चश्मा पहन पूरी तरह से तैयार होकर निकलता तो सभी उसके व्यक्तित्व से प्रभावित हो जाते। जनसभा के लिए हीरालाल के अलावा अन्य नेताओं और नेत्रियों ने भी प्रभावोत्पादक बाना धारण किया और पूरी तरह तैयार होकर सभास्थल पर उपस्थित होकर अपनी आस्था के प्रति अपनी लगन का प्रदर्शन किया।

अनुराधा को आशा थी कि हीरालाल सुदेश के भीतरी दुश्मनों के विरुद्ध भाषण देगा जो हर क्षेत्र में तोड़-फोड़ में लगे थे, रात में गाँव के गाँव जला देते थे और सैकड़ों लोगों की हत्या कर देते थे, जो पूजा-स्थलों को उस समय बमों से ध्वस्त करते थे जब लोग उनमें पूजा में व्यस्त रहते थे, जो रेलगाड़ियों और बसों में बम रखकर सैकड़ों लोगों की हत्या कर देते थे।

सुदेश के आन्तरिक विध्वंसकारियों के अलावा परदेश के नवेश्वरपूजक विध्वंसकारियों की सेवाएँ भी थीं जिन्हें पास-पड़ोस के देशों में गुप्त रूप से भेजकर पुरातनेश्वरपूजकों की हजारों की संख्या में हत्या कराई जाती थी ताकि दूसरे लोक में अधिक से अधिक हूरों की उपलब्धता सुनिश्चित की जा सके।

परदेश के इन विध्वंसकारियों ने, जिन्हें ड्रैगन देश से भी हर तरह का समर्थन और प्रोत्साहन मिलता था, हिमगिरि प्रदेश को अपने कायरतापूर्ण अभियान का विशेष निशाना बनाया था क्योंकि वहाँ नवेश्वरपूजकों की संख्या पुरातनेश्वरपूजकों की संख्या से अधिक थी और इस कारण पुरातनेश्वरपूजक उनके निशाने के आसान लक्ष्य थे।

हीरालाल शास्त्री ने जो भाषण दिया, उसमें कुछ भी ऐसा नहीं था जिससे इन देशद्रोहियों और विध्वंसकारियों के प्रति घृणा का भाव झलकता हो। यह क्षमा और सहिष्णुता के लिए एक श्लाघा-गान था। उसने वामपन्थी विश्व-बन्धुत्व का गुणगान करते हुए बताया कि किस प्रकार वामपन्थी क्रान्ति के लिए कार्य करनेवाली सभी द्वन्द्वात्मक भौतिकवादियों का यह कर्तव्य है कि हर तरह के द्वन्द्व को प्रोत्साहन दें क्योंकि इसी से समाज की प्रगति सम्भव है। यदि द्वन्द्व और कलह का प्रोत्साहन सुदेश के दुश्मनों द्वारा किया जाता है, तो यह भी श्लाघ्य है। द्वन्द्वात्मक भौतिकवादियों की यह जिम्मेवारी है कि वे धर्म और जाति के नाम पर समाज को अलग-अलग वर्गों में बाँटकर उन्हें आपस में लड़ावें। इन संघर्षों में सर्वाधिक मादक अस्त्रों का प्रयोग कर अधिक से अधिक हत्याएँ करावें। नागरिकों के घरों, पूजागृहों, सरकारी और गैरसरकारी कार्यालयों और अन्य सार्वजनिक स्थलों, वाहनों और पुलों को ध्वस्त करावें, ताकि हत्या और विध्वंस का अटूट सिलसिला चलता रहे। समाज का कल्याण इसी में है कि रक्तपात, हत्या और विनाश की गति हर क्षण तीव्रतर हो।

हीरालाल के भाषण के बाद स्वागत की तालियाँ बजीं और पहाड़ों और जंगलों से गोलियाँ छूटीं। ये स्वागत और स्वीकृति की गोलियाँ थीं, और इससे सुननेवालों के मन हर्षित हो गए और आँखों में चमक आ गई। लेकिन उनमें से अधिकांश ने यह जानने का कष्ट नहीं किया कि हीरालाल के भाषण का तात्पर्य क्या है।

हीरालाल एक प्रभावशाली वक्ता था, और जब वह भाषण देने लगता था तो उसका चेहरा उत्तेजना से रक्तिम हो जाता था, आँखें लाल हो जाती थीं और आवाज ट्रैक्टर के हॉर्न जैसी बेधक हो जाती थी। लोगों को उसकी बातें कभी-कभी विवादास्पद लगती थीं, लेकिन उसकी आवाज में ऐसा जोश रहता था

कि सारा सन्देह कोयले की धधकती आग में रूई के फाहे की तरह क्षण मात्र में अस्तित्वहीन हो जाता था।

लेकिन अनुराधा के साथ ऐसा नहीं हुआ और उसके मन का सन्देह अधिक गहरा हो गया। अन्य नेताओं और नेत्रियों ने हीरालाल को उसके जोशीले और सारगर्भित भाषण के लिए, जिसमें हिमगिरि प्रदेश की सभी समस्याओं का निदान छिपा था, बधाई दी, लेकिन अनुराधा मौन रही।

सामने अँधेरे में लेटे शहर पर लाल, नीली और पीली बत्तियाँ आँख-मिचौनी कर रही थीं। नीलकंठ पर्वत का विशाल शरीर, जो इस समय गहरा काला हो गया था, आधे आसमान को ढँके हुए था। अनुराधा को लगा कि नीलकंठ पर्वत के चेहरे पर एक शरारतभरी मुस्कान उभर आई है, वैसी ही मुस्कान जैसी किसी बुजुर्ग के चेहरे पर होती है जब कोई नजदीकी, पूर्व-परिचित बालक उसे पहचान नहीं पाता है।

अनुराधा को अचानक लगा कि वह उसे बहुत दिनों से पहचानती है, वह उसी की गोद में पली और बड़ी हुई है; सिर्फ वही नहीं, बल्कि सुदेश की हजारों पीढ़ियाँ उसकी गोद में पली हैं और उन सबकी रगों में उसका लहू बह रहा है। उसने महसूस किया कि उसकी रगों में उन सहस्रों देवी-देवताओं का भी लहू है जो अगणित पीढ़ियों से उसके पूज्य रहे हैं। इन देवी-देवताओं के साहचर्य से उद्भूत शक्ति और सद्विचार उसके अस्तित्व का एक अविच्छिन्न अंग है और हर संघर्ष में विजय उनकी ही होगी। नीलकंठ की मुस्कुराहट में यह आश्वासन भी था कि देवता का संरक्षण उन सबको प्राप्त है जो उसके अपने हैं और कोई भी उनका कुछ बिगाड़ नहीं सकेगा।

वह बरामदे में दो घंटों से ऊपर तक बैठने के बाद उठी और कमरे में जाकर अपने बिस्तर पर लेट रही। उस समय तक मीरा महाजन किसी नेता के कमरे में जा चुकी थी। अनुराधा ने कुछ देर तक उसकी प्रतीक्षा की फिर भीतर से दरवाजे को बन्द कर दिया। दो पल में उसे नींद आ गई और वह गहरी नींद में सुबह तक सोती रही।

[38]

दूसरे दिन स्थानीय समर्थकों के जय-जयकार के साथ चारों क्रान्ति रथ रवाना हुए। स्थानीय समर्थकों ने विजय अभियान की भावी सफलता के लिए गोलियाँ दागीं। वातावरण ऐसा हो गया कि लगता था कि क्रान्ति रथ हिमगिरि प्रदेश में शान्ति की स्थापना के लिए नहीं बल्कि हिंसा को प्रोत्साहन देने के लिए आए हैं। इस

प्रभावपूर्ण विदाई से हीरालाल और उसके साथियों की आँखों में चमक आ गई और उनके चेहरों पर उत्साह की उत्तेजना उभर आई।

जमूनी देवी और फूलगेंदा सहाय ने उत्साह के आधिक्य के कारण एक-दूसरे के गले में हाथ डाल अन्तर्राष्ट्रीय बन्धुत्व का गीत गाना शुरू किया।

लेकिन अनुराधा के चेहरे पर एक ऐसी गम्भीरता थी जिससे स्पष्ट था कि वह इस व्यापार से खुश नहीं है।

मीरा महाजन ने इसे लक्ष्य किया और बोली, "अनु, यह कितने गर्व की बात है कि हम समाज और देश के लिए शान्ति और समृद्धि का एक नया युग लाने के लिए काम कर रहे हैं। कभी-कभी मन में यह प्रश्न उठता है कि क्या हिंसा और रक्तपात से शान्ति और समृद्धि सम्भव है? लेकिन गम्भीर विचार मन के इस सन्देह को आँधी में पड़े रूई के फाहे की तरह उड़ा देता है। क्या विश्व-इतिहास इस बात का प्रमाण नहीं कि हिंसा और रक्तपात के उदर से शान्ति और समृद्धि का जन्म होता है? बेबी, हमें इतिहास के इस पाठ को स्मरण रखना चाहिए और निराशा को अपने पास नहीं फटकने देना चाहिए।"

अनुराधा ने मुस्कुराकर जवाब दिया, "दीदी, मैं निराश नहीं हूँ। हमारा देश एक वीरभूमि है। इसके दुश्मन इसका कुछ नहीं बिगाड़ सकते। यदि इसकी सन्तान भी इसका अहित करने की कोशिश करे तो उन्हें भी पराजय का मुँह देखना पड़ेगा।"

अनुराधा की बात से मीरा महाजन को एक झटका लगा और उसने हीरालाल शास्त्री की तरफ, जो पीछेवाली सीट पर जमूरी देवी के साथ बैठा हुआ किसी गुप्त विचार-विमर्श में तल्लीन था, अर्थपूर्ण नजरों से देखा। हीरालाल तत्क्षण अपनी सीट से उठा, और अनुराधा की बाईं तरफ की सीट पर जो खाली थी, बैठता हुआ बोला, "आप दोनों किसी दिलचस्प वार्तालाप में मशगूल दिखाई पड़ती है। क्या मैं जान सकता हूँ कि वह कौन-सा विषय है जो आप लोगों के ध्यान को इस तरह बाँधे हुए है।"

मीरा महाजन ने कहा, "अनुराधा देशभक्ति की बात इस तरह करती है जैसे यह विश्व-बन्धुत्व से अलग कोई चीज हो। विश्व-बन्धुत्व को अपना धर्म मानकर कार्य करनेवाले देशभक्ति में किसी से पीछे नहीं रहते।"

हीरालाल शास्त्री वार्तालाप की दिशा को पहचान गया। उसने अनुराधा का बायाँ हाथ अपने हाथ में लेकर, मानो वह किसी रूठे बच्चे को मनाने की कोशिश कर रहा हो, कहा, "बेबी, हम वामपन्थी क्रान्ति के योद्धा सकल विश्व को अपना परिवार मानते हैं। हमारे लिए दुनिया के सभी देश अपने हैं, कोई देश पराया नहीं। लेकिन जो वस्तु सबसे अधिक महत्त्व की है, वह है वामपन्थी क्रान्ति। कुछ

देशों को कुछ समय के लिए ऐसा लग सकता है कि वामपन्थी क्रान्ति से उनका अहित हो रहा है या कभी-कभी अहित हो भी सकता है, लेकिन वह भ्रम के सिवा कुछ भी नहीं है। इस भ्रम का निराकरण अत्यन्त आवश्यक है।''

मीरा महाजन बोली, ''साथी हीरालालजी, कहना जितना आसान है, करना उतना आसान नहीं। भ्रम से शिकार व्यक्ति को उचित मार्ग देखने के लिए प्रेरित करना कठिन है।''

''भ्रम के शिकार व्यक्ति को प्रेरित करना कठिन अवश्य है, लेकिन यदि उसमें इच्छाशक्ति हो तो उसके भ्रम का निराकरण आसानी से हो सकता है।'' हीरालाल ने कहा।

अनुराधा ने विषय को बदलने के लिए कहा, ''साथी हीरालालजी, हिमगिरि प्रदेश उससे अधिक सुन्दर है जितना मैंने सुना था। क्या आप यहाँ पहले कभी आए थे?''

हीरालाल ने ललकार-भरी आवाज में कहा, ''मेरी गुड़िया, सारी दुनिया ही मेरी कर्मभूमि है। मैं जहाँ चाहता हूँ, वहाँ जाता ही हूँ, जहाँ नहीं जाता वहाँ भी जाता हूँ। तुम्हारा कहना सही है कि हिमगिरि प्रदेश सुन्दर है। लेकिन यह पहाड़ों, जंगलों, नदियों, झीलों और उपत्यकाओं के कारण सुन्दर नहीं, बल्कि सामाजिक संघर्ष के कारण सुन्दर है। पूरा प्रदेश बारूद के ढेर पर बैठा है। हर दिन दर्जनों स्थानों पर विस्फोट होते हैं जिससे सैकड़ों लोग मरते हैं और लाखों-करोड़ों की सम्पत्ति स्वाहा होती है। पूरे समाज में आतंक का राक्षस दिनोंदिन अधिक खतरनाक होता जा रहा है, भाई-भाई दुश्मन बनकर एक-दूसरे का गला काट रहे हैं। इसी स्थिति का दूसरा नाम वर्ग-संघर्ष है। वर्ग-संघर्ष द्वन्द्वात्मक भौतिकवाद का ही एक परिष्कृत रूप है। धर्म के नाम पर, जाति के नाम पर, भाषा के नाम पर, नस्ल के नाम पर, प्रान्त और उपप्रान्त के नाम पर, समाज भिन्न-भिन्न वर्गों में बँट जाता है और ऐसा खूनी कलह होता है जिसमें अपनत्व की भावना पूरी तरह नष्ट हो जाती है और एक लघु वृत्त के बाहर के सभी लोग दुश्मन हो जाते हैं। आज यही स्थिति हिमगिरि प्रदेश की है। यहाँ के एक वर्ग के लोगों के लिए परदेश ही अपना देश हो गया है और ये लोग हिमगिरि प्रदेश को और सुदेश को नष्ट करने के लिए साम, दाम, दंड और भेद—चारों का इस्तेमाल करते हैं।''

अनुराधा बोली, ''साथी हीरालालजी, हम सुदेश के नागरिक हैं और मेरा मत है कि सुदेश का हित हमारे लिए सर्वाधिक महत्त्व का है। जो कोई इसका अहित करता है या अहित करने की कोशिश करता है, वह हमारा दुश्मन है।''

हीरालाल बोला, ''बेबी, यही तुम्हारी गलती है। यह गलती वे सभी लोग करते हैं जो पुरानपन्थी विचारों से ग्रसित होते हैं। वामपन्थी क्रान्ति के योद्धा

सकल विश्व को अपना घर मानते हैं। इस कारण वे हर तरह की संकीर्णता से ऊपर उठ जाते हैं। वे हमेशा वर्ग-संघर्ष को प्राथमिकता देते हैं क्योंकि इससे बौद्धिक और भावनात्मक संकीर्णताओं का गला घुट जाता है।''

अनुराधा ने प्रतिवाद नहीं किया और मौन हो गई लेकिन उसके चेहरे पर उभरे भावों से उसका अविश्वास साफ झलक रहा था।

मोतीलाल गोस्वामी, पन्नालाल पंडित, मूँगालाल शर्मा, जमूरी देवी, फूलगेंदा सहाय और मीरा महाजन उसकी तरफ आश्चर्य से देख रहे थे। उन्हें विश्वास होने लगा था कि अनुराधा सुमार्ग से स्खलित हो चुकी है। द्वन्द्वात्मक भौतिकवाद और वामपन्थी क्रान्ति के सिद्धान्तों को अपना लेने के बाद उनका परित्याग करना एक असाधारण बात थी। उसे सुमार्ग पर लाने के लिए भगीरथ प्रयत्न की जरूरत थी।

अनुराधा को लगा कि वह एक अँधेरी गली में खो गई है जहाँ से निकलना उसकी आत्मा की रक्षा के लिए अत्यन्त आवश्यक है। वह यह भी जानती थी कि उसके साथियों के हृदय में उसके प्रति सहानुभूति का स्थान विरोध ने ले लिया है। इस कारण उसके मन में दुःख था, लेकिन साथ-साथ वह राहत भी महसूस कर रही थी।

[39]

वामपन्थी क्रान्ति रथों के अभियान का अगला विराम-स्थल नृसिंहनगर था जो एक पहाड़ी के ऊपर बसा था। यह पचास हजार की संख्यावाला एक छोटा शहर था, जिसमें सैकड़ों मन्दिर थे, लेकिन दो सौ वर्षों से, जब से हिमगिरि प्रदेश में नवेश्वरपूजकों की संख्या पुरातनेश्वरपूजकों की संख्या से अधिक हो गई थी, अधिकांश मन्दिर खँडहरों में बदलते जा रहे थे। नगर के एक किनारे नृसिंह की एक विशालकाय मूर्ति थी जो काले पत्थर के एक चट्टान को काटकर बनाई गई थी और जो पूरी तरह अक्षत थी क्योंकि नवेश्वरपूजक भी उसे पवित्र मानते थे। लेकिन मन्दिरों में स्थापित अधिकांश मूर्तियाँ नष्ट हो चुकी थीं क्योंकि उन्हें नष्ट करनेवालों को इस लोक में धन और यश मिलता था और दूसरे लोक में हूरें मिलती थीं।

नृसिंहनगर में क्रान्ति रथियों के ठहरने की व्यवस्था एक बड़े सरकारी होटल में की गई थी, जो नगर के एक किनारे, नृसिंह की मूर्ति से थोड़ी दूर पर, एक बड़े अहाते में था। यहाँ भी वामपन्थी क्रान्ति दल के स्थानीय नेताओं ने क्रान्ति रथों के स्वागत की पूरी तैयारी की थी। नारे लगे, स्वागत-भाषण हुए, गोलियाँ छोड़ी गईं, और बमों के विस्फोट किए गए। रात में भोजनोपरान्त, अनुराधा, जिसे

मीरा महाजन के साथ कमरा मिला था, को नींद नहीं आ रही थी। बातें करने के लिए भी कोई नहीं था—मीरा महाजन अभियान के महारथियों के साथ एक अन्य कमरे में मार्ग का स्वेद मिटाने में संलग्न थी, इस कारण विचारों की दिशा बदलने के लिए वह बरामदे में जाकर बैठ गई।

उसका मन भारी था। उसने पिछले कई वर्षों के सम्बन्धों को तोड़ने का निश्चय कर लिया था, इस कारण उसे दुःख था, लेकिन उसे मुक्ति का भी एहसास हो रहा था, यद्यपि भविष्य अस्पष्ट था। इस मुक्ति से उसका व्यक्तिगत जीवन कौन-सी दिशा लेगा, यह विचार उसके मस्तिष्क में बिलकुल नहीं आया, मानो इसका कोई महत्त्व नहीं हो। लेकिन एक गाँठ उसके अन्तर्मन के किसी कोने में पड़ी हुई थी, यद्यपि वह इसकी प्रकृति समझ पाने में असमर्थ थी, एक महती क्षति का एहसास उसे सताता था। क्या वह गाँठ इस कारण थी कि व्यक्तिगत सम्बन्धों की माया ने उसे अन्धा बना दिया था और वह दिग्भ्रमित हो गई थी? वह इस बात को क्यों समझ नहीं पाई कि ये सम्बन्ध उसे उस लक्ष्य से दूर ले जा रहे हैं जिसे उसने अपने सामने रखा था?

दो घंटे बीत गए और वह उसी तरह अपने विचारों में, जो धुएँ का गोला बनकर उसके मस्तिष्क में घूम रहे थे, डूबती-उतराती रही। उसके साथ आए नेतागण और नेत्रियाँ होटल के एक बड़े कमरे में एक साथ विश्राम कर रहे थे। हीरालाल भी वहाँ पर ही था। उसके बारे में सोचकर उसे मानसिक आघात लगा। उसने एक क्षण के लिए इस बात की कल्पना की कि नेतागण और नेत्रियाँ उस समय किस व्यापार में संलग्न होंगे और उसके मानस-चक्षुओं के सामने जो तस्वीरें उभरीं, उससे उसका मन भन्ना गया। उसे आश्चर्य हुआ कि उसने ऐसी स्थिति से एक क्षण के लिए भी कैसे समझौता किया था। उसके अन्तर्मन में एकाएक असह्य पीड़ा हुई, लेकिन उसने इसका कारण जानने की कोशिश नहीं की क्योंकि वह मुक्ति से मिलनेवाली राहत की भावना से इतना अभिभूत थी कि उसके मस्तिष्क की कोई अन्य अनुभूति क्षणिक असुविधा से अधिक महत्त्व की नहीं थी।

शहर की रंगबिरंगी बत्तियाँ कुछ दूरी के बाद आसमान की बत्तियों से मिल जाती थीं और नगर के ऊपर एक अन्य नगर के अस्तित्व का भ्रम पैदा करती थीं। नृसिंह पर्वत की भुजाएँ उन्हें घेरे हुए थीं, मानो किसी अनपेक्षित आक्रमण से उनकी रक्षा के लिए सन्नद्ध हों। अनुराधा को ऐसा लगा कि नृसिंह पर्वत की आशंका निराधार नहीं है और उसे अपनों से ही भय है। ये लोग उससे प्रेम का स्वाँग करते हैं, लेकिन सिर्फ इस उद्देश्य से कि उसे भ्रम में रखकर उसका अहित आसानी से कर सकें।

उसी समय, जैसे उसकी आशंकाओं की पुष्टि में, नगर के विभिन्न भागों में गगनभेदी विस्फोट होने लगे। चीत्कारों की आवाज के साथ-साथ धुएँ के काले-भूरे बादल आसमान में छाने लगे और नगर एक श्मशान में बदलने लगा जहाँ एक साथ सैकड़ों मुर्दे जल रहे हों। अनुराधा ने आँखें भींचकर देखा—नृसिंह की प्रस्तर-मूर्ति खंडित हो गई थी, और उसके चेहरे पर गरिमापूर्ण मुस्कान के स्थान पर निराशा की वेदना थी। उसे गहरा मानसिक आघात लगा और वह उसके आवेग में कुर्सी से उठ गई।

लेकिन हीरालाल शास्त्री ने जो इस बीच आकर कुर्सी के पीछे खड़ा हो गया था, उसके कन्धे पर हाथ रख उनके हलके दबाव से उसे बैठाते हुए मजाक के लहजे में कहा, "बेबी, क्या तुम डर गईं? ये विस्फोट हमारे स्वागत में हो रहे हैं। ये वामपन्थी क्रान्ति के समर्थकों की बढ़ती हुई शक्ति और विश्वास के परिचायक हैं।"

अनुराधा का मन क्षोभ से भर गया, लेकिन वह चुप रही। उसे एक विशेष प्रकार की क्लान्ति का अनुभव हुआ जिसमें पराजय की भावना व्याप्त थी। लेकिन उसके कन्धों पर पड़े हीरालाल के हाथों का दबाव उसे बुरा नहीं लगा। पाँच वर्षों से विश्वास का जो महल उसे आश्रय दिए हुए था, वह ढहता जा रहा था, लेकिन अभी भी आशा पूरी तरह मरी नहीं थी। शायद इसका एक हिस्सा बच जाए, जहाँ से भविष्य की योजनाएँ बन सकें। अतीत और वर्तमान प्रवंचना सिद्ध हुए थे, शायद भविष्य में कोई ऐसा प्रकाश मिले जो गन्तव्य तक जाने में मदद करे।

अनुराधा मौन रही तो हीरालाल ने कहा, "बेबी, चलो, अब आराम करो। हमारे स्वागत में अभी और पटाखे छूट सकते हैं। सम्भव है, ये पटाखे तुम्हें अच्छे न लगें। लेकिन इनका उद्देश्य गलत नहीं है।"

अनुराधा कुछ नहीं बोली और चुपचाप कमरे में चली गई।

हीरालाल उसके पीछे-पीछे गया, लेकिन उसके कमरे में घुसने के पहले ही उसने दरवाजा बन्द कर लिया। हीरालाल कुछ देर तक दरवाजे के पास खड़ा रहा, फिर सिर झुकाए लौट गया। लेकिन उसने हिम्मत हारना नहीं सीखा था और योजना की सफलता में उसका विश्वास नहीं डिगा।

[40]

वामपन्थी क्रान्ति रथों के अभियान का आखिरी पड़ाव विष्णुनगर था जो नृसिंहनगर से पचास मील से कम ही दूर था। इस कारण नृसिंहनगर से रवाना होने के पहले महारथियों और रथियों ने उचित साज-शृंगार कर लिए और मुस्कानों और भाषणों का उचित अभ्यास कर लिया। क्रान्ति रथों का अभियान

एक महान उद्देश्य के लिए था और वे नहीं चाहते थे कि किसी त्रुटि के कारण उसकी सफलता में आँच आए।

जमूरी देवी और फूलगेंदा सहाय ने आँखों में हलका काजल और होंठों पर गहरी लिपस्टिक लगाई। मीरा महाजन और अनुराधा ने कोई श्रृंगार नहीं किया, लेकिन मीरा महाजन की आँखों में उत्साह की चमक थी और अनुराधा की आँखों में आशंका की छाया।

रथों की विदाई के लिए जो एक दर्जन कार्यकर्ता और नेता आए थे, उन्होंने जय-जयकार किया और चारों रथों से भी जय-जयकार की आवाजें उठीं, जिससे वातावरण उत्साह-पूरित हो उठा।

नगर के प्रधान मार्ग पर भी, जिससे रथ गुजर रहे थे, अनेक भवन और देव-स्थान ध्वस्त नजर आए। क्रान्ति-रथों को देखने के लिए जो लोग जहाँ-तहाँ खड़े हो गए थे, उनमें से अधिकांश की आँखों में भय था। ये लोग हिमगिरि के नवेश्वरपूजकों के और परदेश से घुसपैठ कर आए हत्या, आगजनी, बलात्कार और ऐसे ही क्रान्तिकारी कार्यों में लगे विध्वंसकारियों के कुकर्मों के शिकार थे, जिन्हें सुदेश के विभिन्न प्रान्तों में बसे नवेश्वरपूजकों से और कतिपय राजनीतिक दलों से, समर्थन और सहयोग मिलता था। नृसिंहनगर से विदाई के समय की गर्मजोशी से जमूरी देवी इतना उत्साहित हुई कि उसने ऊँची आवाज में अपना प्रिय क्रान्तिकारी गीत गाना शुरू किया :

उठो, उठो, दुनिया के मजदूर और किसान!
उठो, उठाओ छुरा, दुश्मनों के काटो कान!

फूलगेंदा सहाय और मीरा महाजन ने भी उसका साथ दिया और हीरालाल, मोतीलाल, पन्नालाल और मूँगालाल लय मिलाकर तालियाँ बजाने लगे। अनुराधा चुप रही और खिड़की से बाहर देखने लगी। किसी ने उससे कुछ नहीं कहा, लेकिन गीतों और तालियों की आवाज ऊँची हो गई।

अनुराधा का मन खिन्न हो गया, लेकिन वह चुप रही और अपना ध्यान हटाने के लिए खिड़की से बाहर देखने लगी। कुछ देर में उसका मन प्रकृति की सुन्दरता में खो गया, और वह अपने साथियों के प्रदर्शन से जनित क्षोभ को भूलकर उस आनन्द के अमृत का पान करने लगी जो इस तथ्य के बोध से निःसृत था कि वह एक महान विरासत की उत्तराधिकारिणी थी। यह विरासत ऐसे ऋषि-मुनियों के अथक परिश्रम से बनी थी जिनके पास ज्ञान-अर्जन के लिए देवलोक के वासी आते थे और जिस विरासत के निर्माण के लिए ऐसे महापुरुषों ने अपनी जिन्दगी लगा दी थी जिनके पैर पाताल तक जाते थे और जिनके सिर सातवें आसमान की ऊँचाइयों को छूते थे।

विष्णुनगर, जो हिमगिरि प्रदेश की राजधानी था—पन्ने की एक ऐसी तस्तरी के बीच में अवस्थित था जिसकी किनारी नीलम की थी। यह तस्तरी दो सौ मील के व्यास की थी और पूरे क्षेत्र में सेब, नासपाती, अंगूर, अंजीर, अखरोट, काजू, बादाम और ऐसे ही अन्य फलों के बाग थे। इस तस्तरी में बड़ी-बड़ी शान्त झीलें थीं, जिनका पानी शीशे की तरह पारदर्शी था और लम्बी, बलखाती नदियाँ थीं जिनका जल क्षण-क्षण स्थान बदलते हीरों की तरह स्फुलिंगयुक्त था। सड़क के दोनों किनारों पर काठ के बक्सों में बन्द फलों के ढेर लगे थे और स्थान-स्थान पर खड़ी, सुदेश के विभिन्न भागों में भेजे जानेवाले ट्रकों में लादे जा रहे थे। सड़क के किनारे-किनारे चीड़ और देवदार के विशालकाय वृक्ष थे, जिनसे झड़नेवाले सूखे पत्तों को जमा कर जगह-जगह स्तूपनुमा ढेर बना दिए गए थे। सड़क के किनारे स्थित जो गाँव थे, वे छोटे-छोटे, दस-बीस घरोंवाले थे और अधिकांश मकान बौद्ध मन्दिरों की तरह पिरामिड के आकार के थे। ऐसा प्रतीत होता था कि पूरा भू-भाग सुदेश की हजारों वर्ष पुरानी संस्कृति और जीवन-पद्धति का ऐसा विस्तार है जिसकी साँसों को हर क्षण महसूस किया जा सकता था।

अनुराधा के कलेजे में आँसुओं की एक घूट अटक गई, मानो उसने एक अत्यन्त महत्त्वपूर्ण अवसर खो दिया हो। इसे इस बात का पता कैसे होता कि उसके अन्तर की पीड़ा पूरे समाज की पीड़ा थी और कि अवसर खो देने के कारण फुंसी नासूर में बदल गई थी और घाव ने ऐसा भयंकर रूप ले लिया था कि प्राणों को खतरा था?

विष्णुनगर से कुछ मील दूर, सड़क के दोनों तरफ बड़े-बड़े शिविर थे जिसमें पचास हजार से ऊपर सैनिक रहते थे। ये सैनिक परदेश से आनेवाले आतंकियों द्वारा प्रदेश में किए जानेवाले रक्तपात और विध्वंस से लोगों की रक्षा के लिए तैनात थे। इन शिविरों को देखकर ऐसा लगता था कि नगर किसी विदेशी शक्ति द्वारा प्रहार के लिए उठाई गई तलवार के नीचे जी रहा है। यह स्थिति अत्यन्त दुखदायी थी, लेकिन इससे बचने के लिए मुक्ति का कोई मार्ग नहीं सूझता था।

सैनिक शिविरों को देखकर हीरालाल की भृकुटि तन गई और उसने मीरा महाजन से कहा, "ये सैनिक शिविर मुझे बिलकुल पसन्द नहीं। इन्हें देखकर मुझे ऐसी पीड़ा होती है कि लगता है, कोई मेरे कलेजे पर चमड़े की चाबुक से प्रहार कर रहा है। हिमगिरि प्रदेश में सुदेश के इतने सैनिकों के रहने की क्या नैतिकता है? क्या इससे वामपन्थी क्रान्ति के सिद्धान्तों को भारी आघात नहीं लगता है? यदि द्वन्द्वात्मक भौतिकवाद के सिद्धान्तों पर आधारित सामाजिक संघर्ष नहीं हो तो देश की प्रगति कैसे हो सकती है? क्या इन सैनिकों को, संघर्ष की सम्भावना को नकारने के लिए यत्र-तत्र स्थापित कर, सुदेश की केन्द्रीय सरकार हिमगिरि

प्रदेश के साथ अन्याय नहीं कर रही है? क्या वामपन्थी क्रान्ति का सिद्धान्त यह नहीं कहता है कि सामाजिक संघर्ष जितना अधिक होगा, सामाजिक प्रगति भी उतनी ही द्रुतगामी होगी?"

मीरा महाजन ने अधिक स्पष्टीकरण के लिए पूछा, "साथी हीरालाल, हिमगिरि प्रदेश की विशेष समस्या यह है कि यहाँ नवेश्वरपूजकों और पुरातनेश्वरपूजकों के बीच संघर्ष हो रहा है और इस संघर्ष में सहस्रों व्यक्ति मारे जा रहे हैं। इस प्रदेश में परदेश से नवेश्वरपूजक आतंकी हजारों की संख्या में आते हैं और हिंसा और विध्वंस करते हैं।"

अनुराधा समझ रही थी कि यह उसे बहस में खींचने का प्रयास है, लेकिन वह उसमें शामिल नहीं होना चाहती थी। उसे विश्वास हो गया था कि वामपन्थी क्रान्ति दल के अभियान का प्रधान उद्देश्य सुदेश और परदेश के आतंकियों की मदद करना था, लेकिन वह इस बात को कहने का या अपने साथियों का विरोध करने का, साहस नहीं जुटा पा रही थी। उसका मन दुखी था, लेकिन वह उसके साथियों से पूरी तरह फिरा नहीं था। शायद उसका कारण यह था कि हीरालाल के लिए उसका प्यार अभी जीवित था।

विष्णुनगर में क्रान्ति रथ नगर के बीच में स्थित एक बाग में रुके, जिसमें एक बड़ा सरकारी होटल था। रथों के स्वागत के लिए बाजे-गाजे और ढोल-नगाड़ों के साथ वामपन्थी क्रान्ति दल की स्थानीय इकाई के दो सौ नेता और कार्यकर्ता जमा थे। बमों का विस्फोट किया गया, बन्दूकें छोड़ी गईं, बाजे बजे और भाषण हुए। ऐसी समा बँधी कि लगा, हिमगिरि प्रदेश की समस्याओं का समाधान अत्यन्त समीप है। कुछ देर के लिए अनुराधा को भी ऐसा लगा कि अशान्ति की आग, जो पूरे हिमगिरि प्रदेश को अपनी बाँहों में जकड़ने का प्रयास कर रही है, शीघ्र बुझ जाएगी। इस कारण उसकी आँखों में चमक और होंठों पर मुस्कान आ गई। हीरालाल ने, अपनी सारी व्यस्तता के बावजूद इसे लक्ष्य किया और सिर हिलाकर उसे प्रोत्साहित किया।

[41]

रात में हीरालाल और उसके साथियों से मिलने जो लोग आए, वे अजीब वेशभूषावाले थे। सबकी लम्बी-लम्बी दाढ़ियाँ थीं और अधिकांश की आँखों में सुरमा लगा था। उनके हाथों में राइफल या स्टेनगन थे और कुछ के कन्धों से काले-काले झोले लटक रहे थे, जिनमें बम रखे हुए थे। ये हिमगिरि प्रदेश में चोरी से घुसे परदेश के आतंकी थे, जो पूरे प्रदेश में हिंसा और रक्तपात के धन्धे में

लगे थे। ये लोग सुदेश के अन्य प्रान्तों में भी, स्थानीय नवेश्वरपूजकों की मदद से, हत्या, आगजनी, बलात्कार और ऐसे ही अन्य दुष्कर्म करते थे और वातावरण में जहर घोलकर उसे दमघोंटू बना देते थे।

अनुराधा ने प्रथम दृष्टि में ही अनुमान कर लिया कि वे कौन हैं और जब उसने उनकी बातें सुनीं तो उसके अनुमान की सच्चाई पर मुहर लग गई।

इनमें से अधिकांश परदेश के नागरिक थे—कुछ परदेश के आगे के देशों से भी परदेश के रास्ते आए थे जिन्होंने विशेष रूप से संगठित शिविरों में हत्या और विध्वंस की ट्रेनिंग ली थी और हिमगिरि प्रदेश के नवेश्वरपूजकों की मदद से हत्याएँ और तोड़-फोड़ करते थे। कुछ हिमगिरि प्रदेश के ही आतंकी थे जो न सिर्फ परदेश के आतंकियों को आश्रय देते थे बल्कि हत्या और विध्वंस में उनकी हर तरह से सहायता करते थे।

होटल के केन्द्रीय कक्ष में भोजन के साथ-साथ एक स्वागत-समारोह का आयोजन किया गया था, जिसका उद्देश्य स्वागत तक ही सीमित नहीं था। इसमें उपहारों का आदान-प्रदान करना था, परिचय को प्रगाढ़ करना था और प्रदेश में भौतिकवादी द्वन्द्व के लिए उचित वातावरण तैयार करना था। समारोह में क्रान्ति रथों के सिर्फ महारथी लोग ही थे—पुरुष और महिला दोनों क्योंकि अभियान में शामिल अन्य लोगों की विश्वसनीयता मान्य नहीं थी, उनके लिए भोजन की व्यवस्था होटल के लॉन में थी।

हीरालाल ने आतंकियों को वामपन्थी क्रान्ति दल की तरफ से क्रान्तिकारी पुस्तकों के बंडल दिए और आतंकियों की तरफ से उसे पाँच-पाँच सौ के नोटों से भरे झोले दिए गए। दोनों तरफ से उपहार सौहार्द के साथ स्वीकार किए गए, जिससे यह स्पष्ट था कि हर काम पूर्व-निश्चित योजना के अनुसार हो रहा था। आतंकियों ने बारी-बारी से पुरुष महारथियों को गले लगाया, महिला महारथियों से हाथ मिलाया और सबको हिमगिरि प्रदेश में आने के लिए उनका उत्साह बढ़ाने के लिए धन्यवाद दिया।

होटल में पुरुष महारथियों को एक कमरे में रखा गया था और महिला महारथियों को पार्श्व में स्थित दूसरे कमरे में।

भोजनोपरान्त हीरालाल ने स्वयं ही महिला महारथियों के कमरे में जाकर मुस्कुराते हुए, भेदभरी आवाज में उन्हें पुरुष महारथियों के कमरे में आने का निमन्त्रण दिया क्योंकि उसे कुछ आवश्यक सूचना देनी थी।

जब वह चला गया तो जमूरी देवी ने, अन्य महिला महारथियों की तरफ देखते हुए, ललकार की आवाज में कहा, "मैं अन्याय नहीं सह सकती। मैं एक क्षण के लिए भी अन्याय बर्दाश्त करने के लिए तैयार नहीं हूँ।"

फूलगेंदा सहाय ने किंचित् अनिश्चय के स्वर में कहा, "जमूरी बहन, वामपन्थी क्रान्ति दल अन्याय के खिलाफ लड़ रहा है, यह अन्याय को कैसे बर्दाश्त करेगा? क्या कोई हमारे साथ अन्याय करने की कोशिश कर रहा है?"

मीरा महाजन ने दार्शनिक गम्भीरता से कहा, "बहन, अन्याय के अनेक बिन्दु होते हैं और जब ये बिन्दु मिल जाते हैं, तो एक सागर की सृष्टि हो जाती है। आवश्यकता है दृष्टि के विस्तार की। इसी में सारी दुनिया समा जाती है।"

जमूरी देवी झल्लाकर बोली, "मेरी समझ में नहीं आता है कि कुछ लोग क्या कहते हैं। बिना माने-मतलब की बात सुनकर मेरी नाक जल जाती है, जैसे कुछ लोग मेरी बात को समझ ही नहीं पाते—हुँह! लोग चाहे जो समझें, मैं अपना पूरा हिस्सा लूँगी। दूसरों की पीठ में छुरा भोंककर अपना स्वार्थ साधनेवालों को मैं बर्दाश्त नहीं करूँगी।"

फूलगेंदा सहाय ने कहा, "बहन, दूसरों की पीठ में छुरा भोंककर स्वार्थ साधनेवालों से समझौता कैसे हो सकता है? क्या द्वन्द्वात्मक भौतिकवाद सिर्फ पीठ में छुरा भोंकने की शिक्षा देता है? यदि सिर्फ छुरे से ही काम चल जाएगा तो बम और बन्दूक किसलिए हैं?"

जमूरी देवी ने झल्लाते हुए कहा, "बहनो, मैं साफ-साफ बातें करना जानती हूँ और मैं चाहती हूँ कि आप लोग भी वैसा ही करें। अभी सवाल पैसे का है, द्वन्द्वात्मक भौतिकवाद का नहीं। हीरालाल शास्त्री को जो पैसे मिले हैं, उसमें सबका बराबर हिस्सा है। ऐसा नहीं होना चाहिए कि मर्द लोग सारा माल हड़प लें और हम लोगों को ठेंगा दिखा दें। यह हमारे अधिकार का सवाल है और हम इसमें किसी तरह की बेईमानी बर्दाश्त नहीं करेंगे।"

जमूरी देवी की चिन्ता से अनुराधा को मुस्कान आ गई, लेकिन उसने इसे दबा दिया।

फूलगेंदा सहाय ने कहा, "यदि यह बात है तो औरतों को पीछे नहीं रहना चाहिए। हमारा जो अधिकार है, हम उसे कैसे छोड़ सकते हैं?

अधिकार पथ पर बढ़े चलना, यह हमारा धर्म है।
उसी में मर मिटना, यह बड़ा सत्कर्म है।"

फूलगेंदा सहाय की बातों ने और पर्याप्त मात्रा में द्रव्य अविलम्ब प्राप्ति की आशा ने, महिला महारथियों के उत्साह में वृद्धि की और वे एक दृढ़ निश्चय के साथ उस कमरे में गईं, जहाँ हीरालाल शास्त्री और अन्य पुरुष महारथी थे।

हीरालाल को, महान उद्देश्यों की प्राप्ति के लिए किए जानेवाले संघर्ष के कारण, मानव-चरित्र की विविधताओं से असाधारण परिचय था और उसने जमूरी देवी के तेवर को देखते ही निश्चय कर लिया कि उसे कौन-सा रुख अपनाना है।

उसने चारों महिला महारथियों को सादर बैठाया और भाषण देने की आवाज में बोला, ''साथियो, हमें द्वन्द्वात्मक भौतिकवादी संघर्ष का लाभ मिलना शुरू हो गया है। अभी शुरुआत है, इस कारण प्राप्ति अपेक्षा से कम है, लेकिन संघर्ष की समा जैसे-जैसे बनेगी, लाभ की मात्रा भी बढ़ती जाएगी। हमें धैर्य से काम लेना चाहिए क्योंकि किसी भी परिणाम को परिपक्व होने में समय लगता है।''

जमूरी देवी बोली, ''साथी हीरालालजी, हम महिलाएँ न तो छिपाव-दुराव में विश्वास करती हैं और न किसी की पीठ में छुरा भोंकने में। इसी से हम कहती हैं कि जो माल मिला है, उसे सबके बीच बराबर-बराबर बाँटा जाए और किसी के साथ भेदभाव न किया जाए।''

हीरालाल हँसकर बोला, ''साथी जमूरी, क्या इसमें भी दो रायें हो सकती हैं? क्या वामपन्थी क्रान्ति दल हिस्से में नाबराबरी की बातें करता है? तथ्य यह है कि हमने आपको अपने-अपने हिस्से के सम्बन्ध में बातें करने के लिए ही बुलाया है। हिमगिरि के हमारे क्रान्तिकारी मित्रों ने हमें वामपन्थी क्रान्ति अभियान को तीव्रतर बनाने के लिए थोड़ा-सा द्रव्य दिया है। मैं इस द्रव्य को क्रान्ति अभियान के महारथियों में बराबर-बराबर बाँटना चाहता हूँ ताकि किसी को घाटा नहीं हो।''

सबने तालियाँ बजाईं। जमूरी देवी ने प्रसन्नता के आधिक्य से सबसे अधिक देर तक तालियाँ बजाईं और 'हू! हू!' किया।

हीरालाल आगे बोला, ''साथियो, हम सब जानते हैं कि हमारा दल सिद्धान्त का कायल है और इस कारण हम सब भी सिद्धान्त के कायल हैं। हमारा प्रधान सिद्धान्त यह है कि हम समष्टि को व्यक्ति से ऊपर स्थान देते हैं। हमारे लिए अपना दल इसके किसी भी सदस्य से अधिक महत्त्वपूर्ण है। क्या आप लोग मेरे विचार से सहमत हैं? यदि हैं, तो हाथ उठाइए।''

जमूरी देवी के सिवा सबने हाथ उठाए क्योंकि उनमें हीरालाल का विरोध करने का साहस नहीं था। नेता के प्रति अटूट वफादारी वामपन्थी क्रान्ति दल की प्रधान विशेषताओं में से एक थी और इसकी मात्रा से ही किसी सदस्य की सिद्धान्तों के प्रति वफादारी की मात्रा मापी जाती थी। जमूरी देवी कुछ अधिक व्यक्तिवादी थी, इस कारण उसकी उत्तेजना पर दलीय सिद्धान्तों का पर्याप्त नियन्त्रण नहीं था। वह मुँह फुलाए बैठी रही।

हीरालाल बोला, ''साथियो, यह स्पष्ट है कि आप सभी दलीय सिद्धान्तों के महत्त्व के सम्बन्ध में सहमत हैं और उनकी प्राथमिकता की अनिवार्यता से भलीभाँति परिचित हैं। इस कारण जब किसी भी स्रोत से द्रव्य की प्राप्ति होती है तो उसमें से आधे पर दल का अधिकार होता है। हिमगिरि प्रदेश के

क्रान्तिकारी वीरों ने हमें जो द्रव्य दिया है, उसमें से आधा वामपन्थी क्रान्ति दल का हुआ। शेष आधे भाग को हमने आठ बराबर भागों में बाँट दिया है और हर भाग को एक लाल थैले में रख दिया है। ये आठों थैले उस कोनेवाली मेज पर रखे हैं। आप सभी साथियों से अनुरोध है कि मेज पर से एक-एक थैला उठा लें। आप जिस थैले को छोड़ देंगे, उसे ही मैं ग्रहण करूँगा।"

पाँच महारथियों ने जाकर अपने-अपने झोले उठा लिए, लेकिन जमूरी देवी अपनी जगह से नहीं उठी। वह जानती थी कि हीरालाल ने ऐसी चाल चली थी कि हार को स्वीकार करने के सिवा अन्य कोई चारा नहीं था, लेकिन वह चुप रही क्योंकि उसे विश्वास हो गया था कि चिड़िया हाथ से निकल चुकी है।

अनुराधा अपने स्थान पर चुपचाप बैठी रही क्योंकि उसे रुपयों का मोह नहीं था और बहस और वाद-विवाद में उसकी दिलचस्पी बहुत कम हो गई थी।

हीरालाल बोला, "साथियो, हम एक बड़े अभियान में निकले हैं। इसकी सफलता पर न सिर्फ मानव-समाज का, बल्कि हमारा अपना भविष्य भी निर्भर करता है। अभी जो तुच्छ भेंट हमें मिली है, भविष्य में उससे भी मूल्यवान वस्तुएँ प्राप्त होनेवाली हैं। इस बात के सम्बन्ध में हममें से किसी को भी सन्देह नहीं होना चाहिए।"

उसके इस भाषण का स्वागत तालियों से हुआ। जमूरी देवी और अनुराधा ने तालियाँ नहीं बजाईं, लेकिन इससे कमरे में वर्तमान उत्साह में कोई कमी नहीं आई।

हीरालाल ने जमूरी देवी और अनुराधा की तरफ देखते हुए कहा, "हमारे जिन साथियों ने भेंट के झोले अभी नहीं उठाए हैं, वे उन्हें बाद में, जब वे चाहेंगे, मिल जाएँगे, इस बात में किसी को लेशमात्र भी सन्देह नहीं होना चाहिए। मैं अब प्रस्ताव करता हूँ कि हम होटल के दृश्य-दर्शन कक्ष में चलें जहाँ से हम अपने सम्मान में सम्पादित होनेवाले भव्य अग्नि-कर्म के दर्शन करेंगे। साथियो, यह हमारा सौभाग्य है कि हम ऐसे सहकर्मियों के बीच में हैं जो हमारी कद्र करना जानते हैं। वे हमें कुछ ऐसे अग्नि-कर्म दिखाने जा रहे हैं, जो निराले हैं और जिन्हें देखना और अपने मेजबानों का उत्साह बढ़ाना, हमारा पुनीत कर्तव्य है।"

हीरालाल ने नेतृत्व किया और सभी होटल के ऊपरी तल्ले पर स्थित उस कमरे में चले गए जो शहर की सुन्दरता के दर्शन के लिए विशेष रूप से बना था। यह ऊपर की छत के बीचोंबीच बना हुआ एक बड़ा कक्ष था, जिसकी खिड़कियाँ चारों तरफ खुलती थीं और जिसमें बैठकर शहर के विभिन्न भागों का नजारा दूर तक देखा जा सकता था।

सभी महारथी वहाँ जाकर बैठे ही थे कि नगर के विभिन्न भागों में अचानक आग की लपटें उठकर आसमान को छूने लगीं, मानो वे आसमान को जलाकर राख कर देना चाहती हैं और कुछ सेकंड बाद उनसे विस्फोट की गगनभेदी आवाजें होने लगीं। महारथी लोग इन विस्फोटों का अर्थ अच्छी तरह समझ रहे थे। उनमें खुशी की लहर दौड़ गई और वे उत्साह से तालियाँ बजाने लगे। जमूरी देवी, जो कुछ मिनट पहले मुँह फुलाए हुए थी, इतना खुश हुई कि तालियाँ बजा-बजाकर नाचने लगी।

जब उत्साहजनित हंगामा कुछ कम हुआ तो हीरालाल ने कहा, "साथियो, द्वन्द्वात्मक भौतिकवाद का चमत्कार अभी शुरू ही हुआ है। हमारे सामने एक महान उद्देश्य है, और इस उद्देश्य की प्राप्ति तभी हो सकती है जब हम अपने संकुचित विचारों से ऊपर उठकर सकल विश्व के लिए कार्य करें।"

फिर उत्साह के अतिरेक के कारण उसने ऊँची आवाज में नारा लगाया, "वामपन्थी क्रान्तिकारी एकता!"

सबने उससे अधिक ऊँची आवाज में जवाब दिया—"जिन्दाबाद! जिन्दाबाद!"

[42]

वह रात विष्णुनगर के चारों तरफ पचीस हजार वर्गमील में फैली घाटी में बसे पुरातनेश्वरपूजकों के लिए अत्यन्त भयावह थी। नगर के पुरातनेश्वरपूजकों के लिए भी वह कम भयावह नहीं थी। आतंकियों ने विष्णुनगर में दो सौ मकानों पर बम फेंके, जिससे दस करोड़ की सम्पत्ति नष्ट हो गई और पाँच सौ लोग मारे गए। आतंकियों ने पुरातनेश्वरपूजकों को हत्या और विध्वंस के अभियान का केन्द्र बनाया क्योंकि वे हिमगिरि प्रदेश से उनके अस्तित्व को समाप्त करना चाहते थे। विष्णुनगर के चारों तरफ फैली घाटी में कुछ वर्ष पहले तक ऐसे सैकड़ों गाँव थे जिनमें पुरातनेश्वरपूजकों की अच्छी आबादी थी।

वस्तुतः हिमगिरि प्रदेश के सभी निवासी दो सौ वर्ष पुरातनेश्वरपूजक ही थे, लेकिन अनेक तरह के दबावों के कारण उनमें से अनेक ने अपना ईश्वर बदल लिया था और कालक्रम से पुरातनेश्वर के प्रति और उनके पूजकों के प्रति, उनकी विरोध-भावना बढ़ती गई थी। लेकिन यह कुछ वर्षों में, जब से परदेश के शासकों ने हिमगिरि प्रदेश पर अधिकार करने की योजना को कार्यान्वित करना शुरू किया था, बहुत बढ़ गई थी और प्रदेश के अधिकांश नवेश्वरपूजक भी, परदेश के आतंकियों से मिलकर, पुरातनेश्वरपूजकों को खत्म करने में लग गए थे। इससे उन्हें दूसरे लोक के अलावा इस लोक में भी लाभ था, पुरातनेश्वरपूजकों की सारी

चल और अचल सम्पत्ति पर उनका अधिकार हो जाता था। इस कारण अब घाटी के गाँवों में पुरातनेश्वरपूजकों की संख्या बहुत कम रह गई थी। ये बत्तीस दाँतों में जीभ की तरह थे, लेकिन अपने गाँव-घर से, जहाँ ये हजारों वर्षों से रह रहे थे, इनका मोह इतना अधिक था कि ये इन्हें छोड़ना नहीं चाहते थे। परदेश के आतंकियों और उनके स्थानीय सहयोगियों ने इनके जीवन को दिनोंदिन अधिक दूभर बना दिया था और हर दिन उन्हें अपने धार्मिक विश्वास पर अटल रहने का मूल्य हत्या, विध्वंस और अपमान से चुकाना पड़ता था।

उस रात घाटी के गाँवों में भी पुरातनेश्वरपूजकों पर कहर बरसा, सैकड़ों मारे गए, बीसों गाँव में उनके घर जलाए गए, उनकी सम्पत्ति लूटी हुई और उनके देव-मन्दिरों को ढहा दिया था।

अनुराधा को ऐसा लगा कि वह हजारों लोगों के आर्तनाद सुन सकती है, सैकड़ों देव-मन्दिर के विस्फोट से उड़ाए जाने और तोड़े जाने की आवाज को आसमान में अग्नि की ज्वालाओं की तरह उठते देख सकती है। उसे लगा कि उसका दम घुट रहा है और वह कुछ ही क्षणों में होश खो देगी। उस स्थिति से बचने के लिए वह जोर से चीख पड़ी।

जमूरी देवी, फूलगेंदा सहाय और मीरा महाजन उछलकर कमरे की दूसरी तरफ चली गईं और मोतीलाल, पन्नालाल और मूँगालाल सहमकर खड़े हो गए। लेकिन हीरालाल, जो नाजुक परिस्थितियों का सामना करने में अधिक परिपक्व था, अनुराधा का हाथ अपने हाथ में लेता हुआ सान्त्वनाभरी आवाज में बोला, “क्या हुआ, मेरी बुलबुल? क्या हम लोगों से कोई गलती हो गई?”

अनुराधा ने विस्फारित नेत्रों से उसकी तरफ इस तरह देखा, जैसे वह उसे पहचानती ही न हो।

हीरालाल को आश्चर्य हुआ। वह अनुराधा को स्थिर-मस्तिष्क का व्यक्ति समझता था और उससे सामान्य व्यवहार की अपेक्षा रखता था। उसने पिछले पाँच वर्षों के लम्बे परिचय में उससे ऐसा व्यवहार कभी नहीं देखा था, इसके विपरीत उसे उसमें ऐसी क्षमता के दर्शन होते थे जिसके कारण उसने उसके लिए एक महत्त्वपूर्ण स्थान की कल्पना की थी। लेकिन इधर कुछ दिनों से वह उसमें कुछ ऐसे लक्षण देख रहा था, जिनसे उसे उसके सम्बन्ध में निराशा होने लगी थी।

मीरा महाजन चतुर थी, लेकिन उसमें साहस का अभाव था और स्वार्थपरता का प्राचुर्य था। वामपन्थी क्रान्ति के आन्दोलन में आगे बढ़ने के लिए साहस और आत्मविश्वास की आवश्यकता थी, जो अनुराधा में प्रचुर मात्रा में थी। लेकिन पिछले कुछ दिनों से अनुराधा के व्यवहार में जो विचित्रताएँ दृष्टिगोचर हो

रही थीं, उससे उसे ऐसा लगने लगा था कि उसने उसके भविष्य के सम्बन्ध में जो सपने देखे थे, उनका सच होना उतना आसान नहीं था जितना उसने सोचा था।

अनुराधा पहचान के पूर्ण अभाव की नजरों से उसकी तरफ देखती हुई बोली, "यह अच्छा नहीं हो रहा है। सुदेश के दुश्मनों के साथ मिलकर उसे नष्ट करने की कोशिश की जा रही है। अपने घर में आग लगाकर उसका नामोनिशान मिटाने की साजिश की गई है। यह अच्छा नहीं हो रहा है।"

हीरालाल ने उसे समझाने की आवाज में कहा, "नहीं बेबी, ऐसी बात नहीं है। यह द्वन्द्वात्मक भौतिकवाद का व्यावहारिक रूप है। यह वामपन्थी क्रान्ति का प्रारम्भ है। पहले विनाश होगा, उसके बाद पुनर्निर्माण होगा। मृत्यु में ही जीवन का बीज छिपा हुआ है।"

हीरालाल के इस उद्घोष से छह महारथी अत्यन्त प्रभावित हुए। उन्होंने हर्षध्वनि की और तालियाँ बजाईं। अनुराधा ने करीब-करीब चीखती आवाज में कहा, "यह धोखा है। वामपन्थी क्रान्ति लफ्फाजी है। यह अपने स्वार्थ के लिए किया जानेवाला मातृभूमि के साथ विश्वासघात है।"

हीरालाल ने मुस्कुराते हुए अन्य महारथियों की ओर देखा और कहा, "साथियो, कभी-कभी ऐसी प्रतिक्रिया भी होती है। किसी-किसी के दिमाग में अजीबोगरीब बातें आने लगती हैं। क्या आप जानते हैं, ऐसा कब होता है, यह तब होता है जब मानसिक परिपक्वता का अभाव होता है।"

मूँगालाल शर्मा ने प्रश्न किया, "साथी, मानसिक परिपक्वता की प्राप्ति के लिए हमें क्या करना चाहिए?"

हीरालाल ने गम्भीरता से उत्तर दिया, "मानसिक परिपक्वता भी अन्य चारित्रिक उपलब्धियों की तरह, अनुभव से आती है। वामपन्थी क्रान्ति का कार्यात्मक पक्ष इतना शिक्षाप्रद है कि व्यक्ति में इससे महान चारित्रिक परिवर्तन आ जाते हैं। इस क्रान्ति के प्रभाव से वह या तो बिलकुल नया हो जाता है या फिर टूट जाता है। लेकिन टूटते वही हैं जिनकी क्रान्ति में आस्था डिग जाती है और वे इससे विमुख होने लगते हैं।"

मीरा महाजन ने पूछा, "साथी, क्या ऐसे लोगों को, जो बहुत दिनों तक वामपन्थी क्रान्ति के पक्षधर रहकर इससे विमुख हो जाते हैं, पुनः सन्मार्ग पर लाने का प्रयास नहीं किया जा सकता है?"

हीरालाल ने उत्तर दिया, "इस सम्बन्ध में हमें सतर्क रहना है। हमें अपनी बात और व्यवहार से उचित पथ-प्रदर्शन करना है। हमें न कभी अपने प्रयत्नों में ढिलाई करनी है, और न हार माननी है।"

जमूरी देवी, जो पैसे के असमान बँटवारे से उत्पन्न सारा क्षोभ भूल चुकी थी, खुशी से तालियाँ बजाती हुई बोली, "साथी हीरालाल, आपके प्रयत्न अत्यन्त प्रभावशाली होते हैं। हममें से किसी को इस बात में सन्देह नहीं है कि आप अपने प्रयत्न में सफल होंगे।"

जमूरी देवी की आशा के समर्थन में हीरालाल और अन्य महारथियों ने तालियाँ बजाईं, लेकिन अनुराधा चुप रही।

[43]

कुछ मिनटों के बाद वह, बिना कुछ बोले, अपने कमरे में चली गई और भीतर से दरवाजा बन्द कर दिया। उसका दिल भारी था और उसे साँस लेने में कष्ट हो रहा था, मानो किसी ने उसका गला दबा रखा हो। वह बिछावन पर लेट रही और सुबक-सुबककर रोने लगी। उसकी मनोदशा उस बच्ची की तरह थी जो खतरनाक जानवरों से भरे जंगल में अकेली है और जो अपना रास्ता खो चुकी है।

उसे अपनी माँ की याद आई जो अपना सारा समय पूजापाठ में बिताती थी, और जो हमेशा किसी कल्पनालोक में रहती थी। उसके लिए यह कल्पनालोक पृथ्वीलोक से भी अधिक यथार्थ था, उसमें वे सभी सुख-दुख थे जो पृथ्वीलोक में होते हैं और वे आशाएँ और आकांक्षाएँ भी थीं जो मनुष्य के जीवन को एक निश्चित मार्ग देती हैं। पहले वह अपनी माँ को एक दिग्भ्रमित व्यक्ति समझती थी जिसने अपने पूर्वग्रहों के कारण भ्रम को ही यथार्थ समझ लिया था और उसी में खोई रहती थी। इस कारण उसे उस पर दया आती थी और वह अक्सर सोचती थी कि उसे उचित मार्ग पर लाने के लिए क्या करे। वह जानती थी कि उसकी माँ भ्रम की ऐसी स्थिति में पहुँच गई है जहाँ उसके लिए रास्ता बदलना सम्भव नहीं है।

लेकिन इस समय उसे अपनी माँ का व्यवहार हास्यास्पद नहीं दीख रहा था। यह व्यवहार एक ऐसे मार्ग की प्राप्ति के विश्वास से उद्भूत था जो शान्ति और सुख की तरफ ले जाता था। जिस समय उसकी माँ देवमूर्ति की पूजा में संलग्न रहती, उसके चेहरे पर एक अतीन्द्रिय मुस्कान छाई रहती मानो उसने वह सब प्राप्त कर लिया हो, जिसकी इच्छा कभी की थी। अनुराधा ने सोचा, 'वह कौन-सी वस्तु है जिसे प्राप्त करने के लिए उसने सांसारिक सुख-सुविधा से, पारिवारिक मान-सम्मान से, मुँह मोड़ लिया है? क्या यह अपने चारों तरफ फैली कटुता से सम्पर्क तोड़ देने का प्रयास मात्र है?'

उसे चित्रा की याद आई और उसका हृदय असीम वेदना से भर गया। वह उस मार्ग से स्खलित हो गई थी जो उसकी जिन्दगी में शान्ति और सुख लाता, लेकिन क्या उसने जो भी किया था, वह शान्ति और सुख के लिए नहीं था? क्या वह अभी भी जो कर रही थी, उसका उद्देश्य शान्ति और सुख नहीं था? लेकिन क्या उसे वह मिल गया था जिसे पाने के लिए वह अब अशान्त थी? क्या उसकी तलाश प्रवंचना-मात्र ही साबित नहीं हुई थी? फिर भी उसने अपनी तलाश छोड़ी नहीं थी और उसी मार्ग पर आगे बढ़ रही थी जिस पर काँटे बिछे थे। अपने सारे कटु अनुभवों के बाद भी वह उसका परित्याग करने के लिए तैयार नहीं थी। क्या यह इस कारण था कि उसे ऐसी जिन्दगी जीने की आदत पड़ चुकी थी और अफीम के नशे के अभ्यस्त व्यक्ति की तरह वह उसके बिना रह नहीं सकती थी? क्या यह इस कारण था कि उसके लिए यही सुख था और इसके आगे उसका कोई उद्देश्य नहीं था?

उसके मानस-चक्षुओं के सामने रोहितपुर की जिन्दगी पर्वत के आकार के राक्षस के रूप में उपस्थित हुई जिसके अगणित सिर थे और अगणित भुजाएँ थीं। उनमें से कोई भी सिर मनुष्य का नहीं था और न एक सिर किसी अन्य की तरह था। उसने बचपन में अपनी माँ की किताबों में नरक की तस्वीरें देखी थीं जहाँ विचित्र-विचित्र तरह के सिखाले राक्षस थे। यह राक्षस उन सबसे हजार गुना भयानक था। उसने अपना मीलों विस्तारवाला मुँह इस तरह खोल रखा था मानो उसने पूरी मानव-जाति को निगल लेने का निश्चय कर लिया हो। उसके जबड़ों में ऐसे हजारों राक्षस थे जो अस्त्रशस्त्रों से सुसज्जित होकर आक्रमण करने के लिए सन्नद्ध थे। अनुराधा जानती थी कि यह उसका विभ्रम है, लेकिन यह ऐसा सच लग रहा था कि उसके रोंगटे खड़े हो गए और गला सूखने लगा। उसने आँखें बन्द कर दृष्टि की विकृति को दूर करने की कोशिश की। लेकिन जब उसने दोबारा आँखें खोलीं तो देखा, राक्षस की आँखों में एक चमक आ गई है, मानो उसने उसे पहचान लिया हो और उसका भारी अहित करने का निश्चय कर लिया हो!

अनुराधा जानती थी कि यह उसके मस्तिष्क के बुखार की उपज है। लेकिन राक्षस इतना जीवित और भयोत्पादक था कि उससे पीछा छुड़ाने के लिए वह उठकर टहलने लगी।

बम-विस्फोट की आवाजों से बाहर का वातावरण आन्दोलित था और आँखों को कुछ क्षणों के लिए अन्धा बना देनेवाला प्रकाश हर दूसरे मिनट पर हर दिशा में फैल जाता था। अनुराधा के मानस-चक्षुओं के सामने से वह भयानक राक्षस ओझल हो गया और उसकी जगह पर क्षत-विक्षत शरीर, धरती को लाल करती

लहू की धारा, विस्फोटों के कारण ढूहों में बदलते मकान और दौड़ते-भागते लोगों के झुंड उपस्थित हुए। यह भयानक दृश्य जैसे देश और काल की सीमाओं को पार कर गया था और किसी शाश्वत क्रूर सत्य का एक अंग बन गया था, जो समय बीतने के साथ-साथ अधिक भयावह हो गया था। मनुष्य ने सुखद भविष्य के लिए अनेकानेक रास्तों को खोज निकाला था और अनेक ऐसे सिद्धान्तों का प्रतिपादन किया था जिनसे सारे संघर्षों का अन्त हो जाए और समाज में स्थायी शान्ति बनी रहे। लेकिन ऐसा कुछ नहीं हुआ था और संघर्ष और रक्तपात बढ़ते गए थे। कुछ विचारक ऐसे भी आए जिन्होंने विध्वंस के माध्यम से निर्माण की बात कही। उनके अनुयायी शान्ति और समृद्धि के लिए विध्वंस की किसी भी सीमा तक जाने के लिए तैयार थे। परिणाम यह हुआ कि विध्वंस की छाया हर युग में अधिकाधिक लम्बी होती गई और शान्ति और सुख मृग-मरीचिका बन गए। लेकिन मनुष्य ने हिम्मत नहीं हारी और बार-बार उन्हीं गलतियों को दुहराता रहा, जिनसे निराशा के सिवा अन्य कोई उपलब्धि नहीं हुई थी।

वर्षों की तलाश के बाद अनुराधा ने ऐसा मार्ग पा लिया था जो शान्ति और समृद्धि ला सके। हीरालाल और उसके दल के सम्पर्क में आने के बाद उसके मन में ऐसा विश्वास जगा था कि उसे लक्ष्य तक पहुँचने के लिए सही मार्ग मिल गया है। लेकिन आज यह भ्रम पूरी तरह से टूट गया था। जो मार्ग उसे मिला था उस पर चलते रहने के लिए उसने ऐसे त्याग किए थे जिससे उसके हृदय में स्थायी घाव बन गए थे जो असहनीय पीड़ा के कारण थे। लेकिन यह पीड़ा किसी तीर्थयात्री के मार्ग के कष्ट की तरह अस्थायी थी और गन्तव्य स्थान की प्राप्ति की आशा की खुशी में डूब जाती थी।

लेकिन अब उसकी आशा मर चुकी थी, और सारे रास्ते बन्द हो चुके थे। उसके पैर एकाएक ऐसे कमजोर हो गए और देह इतनी भारी हो गई कि उसे लगा, वे उसका भार सँभाल नहीं सकेंगे और यदि वह एक क्षण भी खड़ी रही तो भरभराकर गिर जाएगी। उसनें स्वयं को सँभाला और पलँग पर बैठ गई। उसने दूसरे क्षण अपना सिर पकड़ लिया और सुबक-सुबककर रोने लगी।

●●●